Mosaik

„Wir, eure Roten Brüder, sagen euch,
daß alles in der Natur eine Seele hat:
Der Kieselstein im plätschernden Bach genauso
wie die Tanne im tiefen Wald,
ja wiederum alles Wasser dieses Baches genauso
wie der gesamte Wald."

EagleBear (Schamane der Apachen)

PETER ORTMANN

Naturgeister

Elementare Energien
aus der Kraftquelle der Natur

Ein Praxisbuch

Mosaik Verlag

Bildnachweis

Gruner + Jahr-Fotoservice / Okamoto 110;
Gruner + Jahr-Fotoservice / Stromburg 120/121
IFA-Bilderteam 64/65, 75
Mosaik Verlag 115
Andreas Riedmiller 15, 23, 27, 35, 38, 41, 43, 52, 57, 58, 77, 107, 113, 116/117
Helmut Schulze 10/11, 18/19, 20, 70, 102/103
Tony Stone Bilderwelten 6/7, 28/29, 72/73, 80, 82/83, 88, 91, 93, 96, 98/99, 100
ZEFA / Pacific Stock 46/47, ZEFA / Trobitzsch 60/61

Der Mosaik Verlag ist ein Unternehmen
der Verlagsgruppe Bertelsmann

© Mosaik Verlag GmbH, München 1998 / 5 4 3 2 1

Redaktionsleitung: Halina Heitz
Redaktion: Hanna Forster
Bildredaktion: Helga August
Umschlaggestaltung: Eva Wenger, München
Herstellung/DTP: Martin Strohkendl
Reproduktionen: Artilitho, Trento
Druck und Bindung: Alcione, Trento
Printed in Italy
ISBN 3-576-11066-6

Vorwort. 7

**Naturgeister –
elementare Kräfte der Natur** 11
Was sind Naturgeister?. 13
Wissenschaftliche Erklärungsansätze 14
*Kirlianfotografie –
die Abbildung des Unsichtbaren* 16
Und die Märchen hatten doch Recht 17
Wie man mit Naturgeistern
Kontakt aufnimmt 21
Die Vorbereitungen 22
Einstimmungsübung. 27

**Erdgeister – Energien der Wälder,
Felsen, Höhlen und Moore** 29
Grundübung. 31
Kraft, Standfestigkeit, Ausdauer und
Entspannung durch die Energie der Erde . . 33
Die Kraft des tiefen Waldes 34
Die Stärke des harten Felsens 37
Die Magie der dunklen Höhle. 40
Der Friede des dampfenden Moores 42

**Wassergeister – Energien der
Quellen, Flüsse, Seen und Meere** 47
Grundübung. 49
Belebung, Reinigung und Selbstfindung
durch die Energie des Wassers 51
*Quellen und Wasserfälle –
sprudelnde Lebensfreude*. 51
*Flüsse und Ströme –
reinigende Bewegung* 55
Bäche – fließende Klarheit 56
*Seen und Meere –
ewiges Kommen und Gehen* 61

**Luftgeister - Energien der Winde,
Wolken und Stürme** 65
Grundübung. 68
Klarheit, Stärkung, Kreativität und
Reinigung durch die Energie der Luft. . . . 69
Über allen Gipfeln ist Weisheit 71
Mit den Schwingen des Adlers. 74
In den Wolken schweben 76
Im Sturm erneuern 79

**Feuergeister – Energien
von Sonne, Feuer und Vulkan** 83
Grundübung. 85
Spirituelle und emotionale Anregung
durch die Energie des Feuers 87
Ein Sonnengebet 87
Licht in die Liebe bringen 90
Im Feuer der Leidenschaft 92
Der Tanz auf dem Vulkan 95

**Blumen- und Baumgeister –
Energien der Pflanzen**. 103
Grundübung. 107
Wachsen und Erblühen durch die
Energie der Pflanzen. 109
Begegnung mit der Blumenfee 109
Die Kraft des Baumes 112
Zur Blüte kommen 114
Auf der grünen Wiese 116

Im Einklang mit der Natur 121

Literatur 123

Register. 125

Vorwort

„Verschiedene Orte auf der Erde haben verschiedene
Ausstrahlungen, verschiedene chemische Ausdünstungen –
nennt es, wie ihr wollt. Daß Orte ihren Geist haben,
ist jedenfalls Realität."

D. H. Lawrence

*Foto: Menschenleer, aber von geheimem Leben
erfüllt: Küstenlandschaft in Irland (County Mayo).*

Naturgeister (auch: Elementargeister oder Devas) sind zur Zeit „in". Nach der Kristall-, der Engel- und anderen Esoterikwellen schwappt jetzt die Woge der Naturgeister-Bücher über den Leser herein. Das mag man zynisch als profitgierige Vermarktung aller nur möglichen paranormalen Erscheinungen abtun; man kann allerdings auch nach den tiefer liegenden Gründen für diesen Trend suchen. Und dann wird einem klar, daß wir in unserer Zeit der zunehmenden Umweltzerstörung die Hilfe dieser Naturenergien besonders brauchen, denn nur eine Beschäftigung mit ihnen führt uns zurück auf den richtigen Weg, und der heißt: Leben im Einklang mit der Natur. Kontakt mit der belebten Natur aufzunehmen, ist vielleicht unsere letzte Chance, unser inneres Gleichgewicht und das der Erde wiederherzustellen.

Allerdings muß ich hier gleich einschränken: Liest man die meisten der bisherigen Veröffentlichungen zum Thema, dann stellt sich kein größeres Verständnis dieser Erscheinungen ein, sondern eher größere Verwirrung. Denn da ist von physischen, psychischen, geistigen und ätherischen Sphären oder Räumen die Rede, in denen sich unser Leben abspielen soll – und in denen sich die Lebensräume der Naturgeister befänden. Zur Veranschaulichung braucht es dann Diagramme und Tabellen, die dem Neuling auf dem Gebiet erst einmal einen gehörigen Schrecken einjagen: So kompliziert ist das alles!

Ich kann dem allen nicht zustimmen. Sie, liebe Leser, werden in diesem Buch keinerlei verkopfte Theorie lesen. Wer sie dennoch braucht, findet im bibliographischen Anhang genügend Futter für komplizierte Gedankenwindungen. Sie werden auch keine Antwort darauf erhalten, ob Naturgeister nun „real" sind oder nicht. Wie wollte man das beweisen? Wir wollen uns in diesem Buch vielmehr auf das beschränken, was auch vor einem kritisch denkenden Verstand Bestand hat. Und das ist: Naturgeister sind besondere Energien. Ob man diese Energien als stofflich sichtbare Wesen erfährt oder nicht, ist ohnehin von der Phantasie und Imagination des Betrachters abhängig. Sie werden also keine Sagen in diesem Buch finden, die die verschiedenen Geister in ihrem vermeintlichen Aussehen und Erscheinen genau beschreiben. Sie werden auch keine Aufteilung in verschiedene Hierarchien und Lebensbereiche entdecken. Ich glaube nicht daran, daß sich Energien in Schablonen und Schubladen pressen lassen – dazu habe ich zu lange, sechseinhalb Jahre um genau zu sein, von den Indianern Nordamerikas gelernt, mit ihnen zusammengearbeitet und schließlich auch ihre Lebenseinstellung verinnerlicht.

Für die Indianer wie die meisten Naturvölker sind Berge, Felsen, Gewässer, Bäume, Pflanzen, kurz: die gesamte Natur, beseelt. Alle Naturerscheinungen stehen daher in Verbindung mit den Natur- oder Elementargeistern („Elementar-", weil sie den vier Elementen Erde, Wasser, Luft und Feuer zuzuordnen sind). Natürlich gibt es – so sagen die Indianer – Sphären und Räume in der Natur, die mit einem besonderen Schwingungspotential ausgestattet sind, das sich von dem anderer unterscheidet. Aber jeder Einzelne kann zu jedem Zeitpunkt die Schwingungsdichte, also die Sphäre wählen, in die er sich einklinken will, und jeder kann zu jeder Zeit diese Energien als Kraftquelle nutzen.

Das vorliegende Buch zeigt als einziges der zum Thema erschienenen Werke, was hinter dem Phänomen Naturgeister steht – nämlich natürliche Energie. Es bietet Ihnen praktische Tips, Anleitungen und Übungen, wie Sie diese Energien aus dem Kraftwerk Natur für sich und zum Wohle unseres Planeten nutzen können. Dazu sollten Sie in die Natur zu Ihrem individuellen Kraftplatz gehen, aber Sie müssen nicht: Die im Buch gezeigten Landschaftsaufnahmen sind auch als Konzentrations- oder Meditationshilfe gedacht, damit Sie die verschiedenen Übungen auch zu Hause durchführen können.

Ich lade Sie ein zu einer Reise, bei der Sie nicht nur Kräfte der Natur entdecken werden, die Ihnen bisher verborgen waren, sondern auch neue, ungeahnte Aspekte Ihrer eigenen Persönlichkeit.

Peter Ortmann

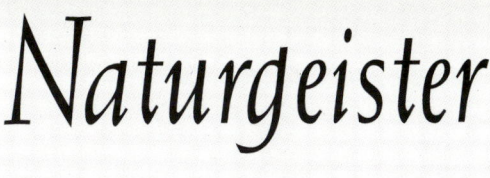

Naturgeister

Elementare Kräfte der Natur

„Alle menschlichen Gruppen der vorindustriellen Welt
waren sich darin einig, daß die materielle Welt, die wir
wahrnehmen und in der wir unser Alltagsleben abwickeln,
nicht die einzige Wirklichkeit ist. Ihre Weltsicht schloß
die Existenz von Göttern, Dämonen, körperlosen Wesen,
Naturgeistern und Krafttieren ein sowie die Reiche, in
denen diese existieren. Sie hatten ein ausgedehntes rituelles
und spirituelles Leben, das sich um die Möglichkeit drehte,
Kontakt zu diesen gewöhnlich verborgenen Dimensionen
der Wirklichkeit aufzunehmen, wichtige Informationen,
Hilfe oder Führung zu empfangen und damit den Lauf der
materiellen Ereignisse zu beeinflussen."

Stanislav Grof, amerikanischer Psychiater und Begründer
der Transpersonalen Psychologie.

*Foto: Hoch oben in den Bergen, dort wo sich
Himmel und Erde zu berühren scheinen, vermag
man die Kraft der Naturelemente am deutlichsten
zu verspüren.*

Was sind Naturgeister? Geister, also nichtstoffliche Wesen, die in der Natur erscheinen?

Folgt man den Sagen, Märchen und Berichten, dann treten Naturgeister immer an ganz bestimmten Stellen in der Natur auf. Offensichtlich zeichnen sie sich durch besondere Eigenschaften oder Besonderheiten aus. – Aber welche? Jeder Ort in der Natur hat eine bestimmte Schwingungsfrequenz oder Energie, die auch der Mensch für sich nutzen kann. Plätze mit erhöhter Frequenz, also energetisch hochgeladene Orte, sind seit jeher bei verschiedenen Völkern als heilige Kultstätten betrachtet worden, und die dort auftretenden Energien haben sich häufig auch visuell wahrnehmbar offenbart. Andere Plätze, die zwar auch stark geladen sind, aber versteckt in Wäldern, Mooren oder an anderen abgeschiedenen Orten liegen, waren nur Einzelnen bekannt. Einsiedler, Schamanen, Heiler und Hexen suchten diese Plätze auf, um die sich dann bald Sagen und Legenden rankten, denn für die Besucher waren es nicht Energien, die sie dort wahrnahmen, sondern Wesenheiten – Naturgeister eben.

Das Wissen um die Naturgeister erschließt uns die stärkste Kraftquelle, die wir für unseren eigenen Energiehaushalt nutzen können: die Elemente der Natur.

Machen wir jetzt den Sprung vom Volksglauben und den Naturreligionen zu den monotheistischen, in der Regel staatstragenden Glaubensdogmen. Diese Religionen, in unseren Breiten das Christentum, haben die alten Naturelemente für sich vereinnahmt – und gleichzeitig die volkstümliche Verehrung der Naturgeister verfolgt. Berge, Quellen, Flüsse, Bäume und Haine wurden auf diese Weise zu Orten, an denen „das Göttliche" sichtbar geworden war. Oft hatten sich an diesen Plätzen „Wunder" ereignet, und deshalb wurden an diesen Gnadenorten auch Kirchen, Kapellen und Klöster errichtet. Die Folge dieser Christianisierung war, daß das alte Wissen um die Kräfte der Naturgeister in Vergessenheit geriet.

Heute – unter dem Eindruck der Zerstörung unserer Umwelt und unserer natürlichen Lebensräume – wird dieses Wissen wieder ausgegraben. Und das ist gut so, denn die Begegnung mit den Naturgeistern schärft nicht nur unseren Blick auf die fortschreitende Vernichtung der Erde, sie hilft uns auch, etwas dagegen zu tun.

Was sind Naturgeister?

Für die meisten Menschen sind die subtilen Energien, die an den oben beschriebenen Orten auftreten, nicht sichtbar oder bewußt wahrnehmbar. Aus allen Kulturkreisen gibt es jedoch Zeugnisse, die davon berichten, daß Kinder bis etwa zum siebten Lebensjahr an bestimmten Stellen in der Natur Wesen unterschiedlichster Gestalt und Größe gesehen hätten. In jüngster Zeit wagen sich auch Erwachsene mit ihren Schilderungen von Begegnungen mit solchen Naturgeistern an die Öffentlichkeit. Die blind geborene Ursula Burkhard glaubt Elementarwesen mit ihren „inneren" Augen und Ohren wahrzunehmen, wie sie in ihrem Buch „Karlik" berichtet. Dora van Gelder schildert in ihrem Buch „Im Reich der Naturgeister" ähnliche Erfahrungen. Viele Veröffentlichungen dieser Art sind in den letzten beiden Jahren erschienen. Gemeinsam ist all diesen Erlebnissen mit Naturgeistern: Die Wesen werden mit dem inneren Auge und dem inneren Gehör erfahren. Gelegentlich stellt sich auch die gefühlsmäßige Wahrnehmung ein, die Gewissheit, daß „etwas da ist". Man spürt eine Energie, die man nicht erklären kann.

Bei Naturgeister-Erscheinungen handelt es sich um die Wahrnehmung besonderer Energien. Dem Ort, an dem Naturwesen angeblich oder tatsächlich auftreten, kommt zentrale Bedeutung zu.

„Verschiedene Orte auf der Erde haben verschiedene Ausstrahlungen, verschiedene Schwingungen, verschiedene chemische Ausdünstungen – nennt es, wie ihr wollt. Daß Orte ihren Geist haben, ist jedenfalls Realität", schrieb der englische Schriftsteller D. H. Lawrence. Dieser Geist wurde von den Römern als „genius loci" bezeichnet. Germanen, Kelten, Griechen und andere Völker gaben diesen Ortspersönlichkeiten jeweils andere Namen. Sie unterschieden sie nach den vier Elementen und nannten die Erdgeister Gnome, Elfen, Zwerge oder Kobolde, die Wassergeister Undinen, Nymphen, Nixen oder Feen, die Luftgeister Sylphen und die Feuergeister Salamander. Noch im 16. Jahrhundert glaubte sogar die Wissenschaft – wie zum Beispiel der Arzt und Naturforscher Paracelsus, daß es sich bei diesen Erscheinungen um menschenähnliche Wesen handle, die auch essen, trinken, sich bewegen und kleiden würden, nur daß sie in einer feinstofflichen Welt existierten.

Wissenschaftliche Erklärungsansätze

Nachdem die Naturwissenschaft ihren Siegeszug angetreten hatte und demzufolge nichts mehr Geltung besaß, was sich nicht exakt vermessen und berechnen ließ, waren auch Naturgeister nicht länger Gegenstand ernstzunehmender Diskussionen. Sie lebten jedoch weiter in der Phantasie der Menschen, im Volksglauben, in Mythen und Sagen. Dieser Tradition verdanken sie es, daß sie im 20. Jahrhundert von der Wissenschaft wiederentdeckt wurden, denn die neuen Disziplinen der Psychologie und Soziologie untersuchten die Märchen und Sagen der Völker nach ihrem realen Hintergrund. Sind die Elementarwesen „mit dem schöpferischen Unbewußten eng verbundene seelische Zustände"?, fragte zum Beispiel der berühmte Psychologe Carl Gustav Jung vor mehr als fünfzig Jahren. Seine langjährige Mitarbeiterin Aniela Jaffé beantwortete Jungs Frage. Sie sammelte hierzu jahrelang Material – mehr als 1200 Briefe über Geistererscheinungen – und kam zu dem Schluß, daß sich Naturgeister nicht in unsere Vorstellung von Raum und Zeit einordnen lassen und daß es sich dabei um Projektionen des Unbewußten handelt, um einen schöpferischen Akt der Vorstellungskraft. Diese Archetypen manifestieren sich nach Jaffé in Steinen, Quellen, Bäumen usw., weil die menschliche Psyche Vorstellungsbilder immer nach außen projiziere.

Jungs Frage brachte die Vertreter der modernen psychologischen Richtungen auf den Plan. Kenneth Ring, einer der Vertreter der sogenannten Transpersonalen Psychologie, faßt die Theorien dieser Gedankenschule so zusammen: „Alle Kulturen haben ihre Traditionen von den sogenannten kleinen Leuten, die gewöhnlich unsichtbare Reiche im Zwischenraum bewohnen, die aber die Fähigkeit zu haben scheinen, in unsere Welt einzudringen und dort zu wirken." Die Begegnung mit ihnen findet laut Ring im sogenannten Reich des Imaginären statt, das ist jener Bewußtseinszustand (neben der greifbaren Welt des Materiellen und der Welt der Vorstellungen und Träume), den Schamanen, Heiler, Mystiker und weise Frauen seit Urzeiten aufsuchen. Allerdings wird dieser Zustand eines veränderten Bewußtseins von der

Foto rechts: Die Erdpyramiden am Ritten in Südtirol scheinen aus einer anderen Welt zu stammen.

westlichen materialistischen Wissenschaft ignoriert und miß-
achtet.

*Nach den Vorstellungen der Aborigines in Australien
gehen die Schwingungen, die durch unsere Gefühle,
Gedanken und Leidenschaften ausgesendet werden, in die
Natur ein und schwingen wieder auf alles Leben zurück. Daß
die Umwelt verschmutzt ist, zeugt demnach auch von dem
Zustand unserer Gefühle und Gedanken.*

*Für die Psychologen
sind Elementar-
wesen psychische
Zustände eines
Menschen, die
dieser auf Pflanzen,
Steine, Quellen usw.
projiziert.
Die Naturwissen-
schaftler deuten sie
als besonders
geladene Ortsfelder.
Verbindet man beide
Deutungsansätze
miteinander, dann
gelangt man zu der
Erkenntnis, daß an
den Orten, an denen
Naturgeister auf-
treten sollen, sich
Energien erfahren
lassen, die unsere
Psyche, unser Fühlen
und Denken, beein-
flussen.*

Auf die Naturgeister bezogen, ist dieses Denkmodell der Naturreligionen nicht weit vom Ansatz C. G. Jungs und seinen Schülern
entfernt, denn ob wir Naturgeister als Manifestationen menschlicher Gefühle (Aborigines) oder als Projektionen psychischer
Vorstellungen (Transpersonale Psychologie) bezeichnen, macht
keinen großen Unterschied.

Kirlianfotografie – die Abbildung des Unsichtbaren

Das Problem, das unsere Naturwissenschaft mit dieser Welt des
Imaginären und damit mit der Existenz von Elementargeistern
hat, ist ihre Feinstofflichkeit, ihre Ungreifbarkeit, der Umstand,
daß sie nicht gegenständlich sichtbar werden. Oder irrt da unsere
Wissenschaft? Die beiden englischen Naturheilpraktiker Edward
Lewis Gardner und Geoffrey Hodson behaupteten nämlich in den
50er Jahren, Naturgeister mit Hilfe der Kirlianfotografie – eines
Aufnahmeverfahrens, mit dem sich Energieströme im Bild fest-
halten lassen – erfassen zu können.

Schon 1920 hat der Autor der bekannten Sherlock-Holmes-
Romane, Sir Arthur Conan Doyle, mit detektivischer Akribie den
Fall der beiden Mädchen Elsie Wright und Frances Griffiths unter-
sucht: Elsie und Frances hatten 1917 Fotos von der Schlucht im
englischen Yorkshire aufgenommen, in der sie sich am liebsten
aufhielten. Auf dem entwickelten Film waren mitten unter den
fotografierten Pflanzen geflügelte, menschenähnliche Wesen zu

erkennen, die die beiden Mädchen sofort als „fairies", als Feen, die sie schon oft in jener Schlucht gesehen hätten, beschrieben. Doyle glaubte die Geschichte nicht, ging mit den beiden Mädchen noch einmal in die Schlucht, fotografierte die gleiche Umgebung noch einmal – und die Feen tauchten auch auf diesem Film auf. Als 76jährige (1983) hat Frances die Fotos als Jugendstreich und Fälschung bezeichnet, konnte aber nicht erklären, wie neben Doyle auch Fototechniker der Firma Kodak auf diese angeblichen Fälschungen hereinfallen konnten.

Heutigen Forschern geht es weniger um die Sichtbarmachung der Naturgeister als vielmehr um ein Verständnis des Phänomens. „Wir haben die Frage nach den Elementarwesen falsch gestellt. Wir wollten uns stets der Wirklichkeit der Geister versichern und leugneten diese überheblich. Wir hätten aber die Frage nach ihrer Wahrheit stellen müssen. Wir stellten die Frage im Banne des Wissens und verrieten die Welt jenseits des Wissens", sagte der Schweizer Philosophieprofessor Ernst Jäckel 1985.

Erklärungen bieten im Sinne Jäckelscher Wahrheitsfindung eine Gruppe moderner Naturwissenschaftler. Der Archäologe T. C. Lethbridge glaubt, daß es sich dabei um Felder handelt, die durch die besondere Ausstrahlung von Orten entstehen. Dieser Meinung schloß sich in den 70er Jahren auch der Biologe Rupert Sheldrake an. Der Geograph Edwald Banse war schon 1928 zu der Auffassung gelangt, daß jede Landschaft im Bewußtsein ihrer Bewohner Gestalt annimmt.

Und die Märchen hatten doch Recht

Vor diesem wissenschaftlichen Hintergrund erschließt sich uns die tiefere Bedeutung von Märchen und Sagen, die von Zwergen, Trollen, Kobolden und Heinzelmännchen erzählen, die tief im Wald in Höhlen, Gruben und Stollen hausen sollen. Diese Orte, die tief ins Erdinnere führen, sind psychologische Symbole, stehen gleichsam für unser Unterbewußtsein, das uns fasziniert und ängstigt und von dem wir uns, je nach Betrachter, Fürchterliches oder Wundersames erhoffen. Daß durch die Nähe zu tieferen

Foto: Während der Morgen- oder Abenddämmerung erfahren wir Naturerlebnisse besonders intensiv.

Erdschichten in diesen Höhlen besondere Energien vorhanden sind, ist inzwischen physikalisch bewiesen.

Auch der Glaube an Riesen wird so verständlich. Sie sitzen der Sage nach auf Bergen oder sind wie der versteinerte Riese des Watzmann der Berg selbst. Wer einmal vor einem gewaltigen Bergmassiv stand, wird die Ehrfurcht unserer Vorfahren vor diesen Naturgewalten sicher nachvollziehen können. Daß diese steingewordenen Riesen für Lawinen, Blitz und Donner verantwortlich gemacht wurden, ist so kindlich-naiv nicht, bedenkt

man, daß sich an hohen Bergen die gewaltigsten Unwetter entladen.

Nymphen, Nixen und Undinen vermuteten unsere Altvorderen in den Quellen und Bächen. Heute finden wir an jenen Orten nicht selten Wallfahrtskirchen, vor allem aber Kurorte, die die heilende Wirkung des an Mineralstoffen reichen Wassers nutzen. Auch der menschlichen Psyche tut diese Heilwirkung des Wassers gut. Psychologisch betrachtet steht das Element Wasser für unsere Gefühle. Lassen wir uns erst einmal darauf ein, das heißt:

Foto oben: Wenn Sie sich von dieser Landschaftsaufnahme angesprochen fühlen, dann stehen Sie mit dem Element Erde in einer besonderen Beziehung.

lassen wir erst einmal unsere Gefühle zu, dann fühlen wir uns besser, sind wieder im Gleichgewicht.

Auf Berggipfeln und Bergeshöhen, über Baumwipfeln und weiten Seen und Fluren regieren in Sagen und Märchen die Sylphen und Elben. Sie beleben oder beruhigen, setzen in Aufruhr oder besänftigen. Wenn wir sie mit Wetterphänomenen gleichsetzen, mit Wind und Wolken, merken wir, daß erneut der Unterschied zwischen Volksglaube und moderner Wissenschaft so groß nicht ist. Stürmisches Seeklima gilt als Reizklima zur Behandlung verschiedenster Krankheiten, und sich bei persönlichen Problemen einmal gehörig den Wind um die Nase wehen zu lassen, wird schon seit Jahrhunderten von Ärzten und Heilern empfohlen. Psychologisch gesehen ist das Luftelement unser Verstand, und je nach Selbsteinschätzung ist seine Kraft mal beruhigend und mal aufrüttelnd.

Wo es Feuer gibt, also in Herd, Kamin oder Lagerfeuer, in Vulkanen, Blitzen und Bränden, da sind die Salamander zu Hause. Feuer wärmt, aber es verbrennt und zerstört auch. Nur aus dieser Zerstörung wächst dann wieder Neues. Feuer ist der Inbegriff des Werdens und Vergehens. Psychologisch gesehen ist Feuer unsere Sexualkraft, aber auch unsere Spiritualität. Ohne Feuer gibt es kein Leben. Furcht und Anbetung liegen da nahe beieinander. Was Wunder also, daß Salamander von den einen gefürchtet und von den anderen verehrt werden.

Daß Pflanzen beseelt sind, wenn auch nicht von Elfen und Dryaden, wie es die Sage erzählt, ist inzwischen in zahlreichen Versuchsreihen von der Wissenschaft bestätigt worden. Man fand zum Beispiel heraus, daß Pflanzen auf menschliche Emotionen reagieren. Ist es da wirklich noch ein so weiter Schritt, dieser Pflanzenseele einen Namen zu geben und sie sich als Geist vorzustellen?

Nun aber genug der Theorie. Lassen Sie uns zur Praxis übergehen, und bereiten Sie sich darauf vor, den elementaren Energien der Natur selbst zu begegnen.

Die alten Geschichten, die von Nixen, Sylphen, Salamandern und Elfen erzählen, können auch heute noch vor wissenschaftlichen Erklärungsansätzen bestehen.

Wie man mit Naturgeistern Kontakt aufnimmt

Die wichtigste Voraussetzung, um mit Naturgeistern Kontakt aufnehmen zu können, ist eine gewisse Sensibilität, eine starke innere Beziehung und tiefe Zuneigung zur Erde. Die in diesem Buch dargestellten Übungen helfen Ihnen dabei, diese Gefühlsbeziehung herzustellen. Sie sollten außerdem die Fähigkeit trainieren, Ihr Alltagsbewußtsein auszuschalten und sich vollkommen zu entspannen. Angst, Nervosität, Streß, Zweifel, Vorurteile und andere negative Gedanken sollten Sie loslassen können. Auch dies wird Ihnen gelingen, wenn Sie die in den Übungen empfohlenen Schritte befolgen.

Die Vorbereitungen

Machen Sie sich bewußt, welche persönliche Motivation hinter Ihrem Wunsch steckt, den Naturwesen begegnen zu wollen. Warum suchen Sie Kontakt? Aus Neugierde? Weil Sie sich davon mehr Lebensenergie versprechen? Um jemanden zu beeindrucken? Oder brauchen Sie die Hilfe der Naturgeister aus reinem Herzen? Weil Sie wieder mit der Natur eins werden wollen? Sind Ihre Beweggründe egoistisch oder gehen sie gar auf Kosten anderer, werden Sie keinen Erfolg haben.

Der richtige Zeitpunkt für einen Kontaktversuch ist nachts, bei Morgengrauen oder in der Abenddämmerung in der Zeit zwischen Neumond und Vollmond, weil dann die menschliche Psyche auf Empfang gestellt ist. Richten Sie sich auf ein längeres Verweilen an Ihrem Kraftort ein, bringen Sie leichte, natürliche Verpflegung und genügend Wasser mit. Kleiden Sie sich bequem und der Umgebung und Witterung entsprechend. Die in diesem Buch vorgestellten Übungen können Sie allerdings auch tagsüber – je nach Zeit und Gelegenheit – durchführen.

Die richtige Ortswahl: Es sollte ein stiller und kraftvoller Platz sein, der sauber ist und weitgehend unberührt von menschlichen Eingriffen. Sie sollten sich an diesem Ort leicht und gelöst fühlen können. Ist er bedrückend oder macht er Ihnen Angst, dann sollten Sie eine andere Stelle suchen. Von einigen Autoren wird empfohlen, Naturgeister-Sagen und -Märchen zu lesen, um Anregungen für die Suche nach dem richtigen Kraftplatz zu finden. Das kann man sicher tun. Aus meiner Erfahrung rate ich Ihnen jedoch, einfach Ihrem Gefühl zu folgen.

Warten Sie nicht darauf, daß sich Ihnen Naturwesen zeigen, sondern beobachten Sie, was um Sie herum vor sich geht. Machen Sie eine der in diesem Buch empfohlenen Übungen.

Foto rechts: Dort, wo Sie sich hingezogen fühlen, ist auch der Ort, der Ihnen am ehesten entspricht. Bäche und Flüsse sind Orte der Selbstfindung.

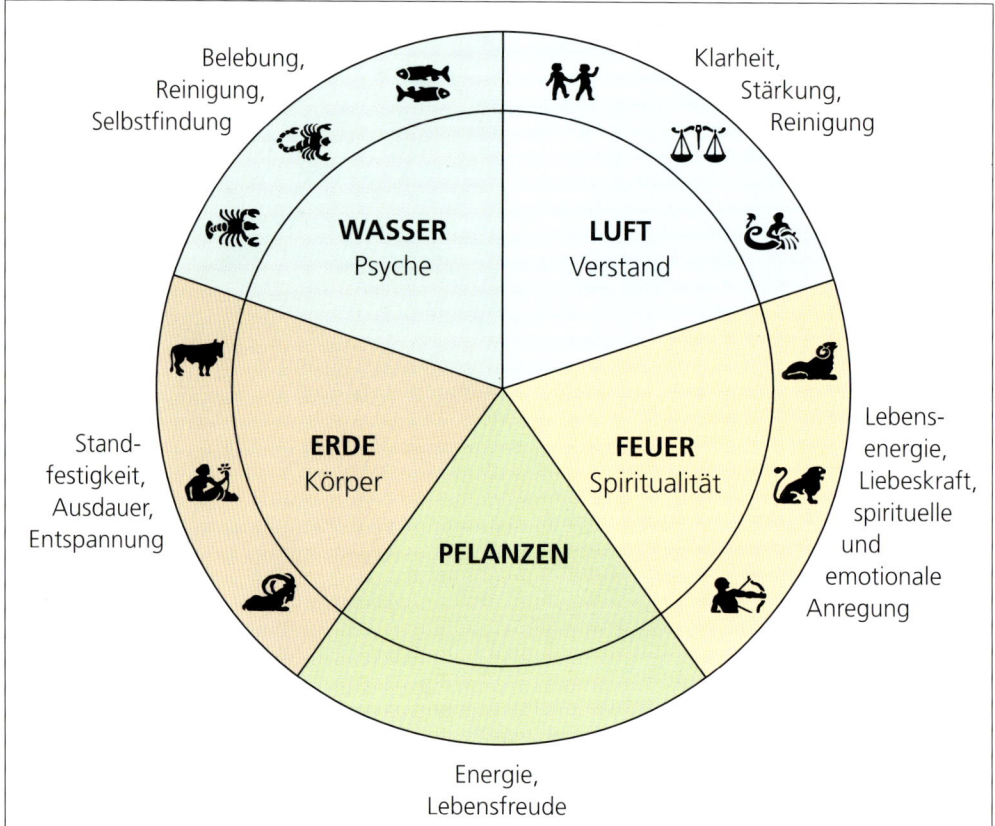

Belebung, Reinigung, Selbstfindung

Klarheit, Stärkung, Reinigung

WASSER Psyche

LUFT Verstand

Stand-festigkeit, Ausdauer, Entspannung

ERDE Körper

FEUER Spiritualität

PFLANZEN

Lebens-energie, Liebeskraft, spirituelle und emotionale Anregung

Energie, Lebensfreude

Naturenergien und Sternzeichen

Anhand dieses Diagrammes können Sie erkennen, zu welchem der Naturelemente Sie eine besonders intensive Beziehung haben: Wenn Sie z.B. unter dem Stern-zeichen Zwilling geboren sind, dann haben Sie eine enge Verbindung zum Element Luft, das für die intellektuellen Fähigkeiten eines Menschen steht. Wenn es Ihnen um gedankliche Klarheit geht, um Stärkung und Reinigung, dann wird es Ihnen ganz besonders leicht fallen, die Hilfe der Luftgeister zu erlangen. Selbstverständ-lich können Sie sich wegen eines Problems aber auch an alle anderen Naturener-gien wenden. Seien Sie aber nicht enttäuscht, wenn Sie zu ihnen nicht so leicht Zugang finden. Nur die Pflanzenenergien sind gleichermaßen offen und zugänglich für jedermann, der sich um sie bemüht.

Seien Sie offen und ohne Erwartungen demgegenüber, was die Natur Ihnen mitteilen möchte. Es gibt keine festzulegenden Indizien, die Ihnen die Gegenwart von Naturenergien anzeigen. Es sind unerklärliche, das heißt ohne sichtbaren äußeren Grund auftretende Erscheinungen, wie zum Beispiel ein plötzliches Rascheln der Blätter, das Beugen von Grashalmen, das Kräuseln des Wassers, ein Wirbelwind (wie gesagt: ohne äußere Ursache!). Manche Menschen bekommen plötzlich eine Gänsehaut oder verspüren ein leichtes Hautkribbeln, und es gibt eine große Zahl ähnlicher, unerwarteter Phänomene mehr. Sollte sich ein Naturgeist – in welcher Form auch immer – offenbaren, dann begegnen Sie ihm wie einem Freund. Heißen Sie ihn willkommen und zeigen Sie ihm Ihre Freude.

In den folgenden Kapiteln möchte ich Ihnen zeigen, wie Sie die Energien der Natur und ihrer Elemente für sich nutzen können. Dabei wird es entscheidend von Ihnen selbst abhängen, ob es Ihnen glücken wird, die gewünschten Erfahrungen zu machen und die beabsichtigten Heilwirkungen zu erzielen.

Bevor ich auf die einzelnen Erfahrungsebenen Erde, Wasser, Luft und Feuer eingehe, bevor Sie also versuchen, mit den jeweiligen Energien in Kontakt zu treten, möchte ich Sie daher bitten, sich erst einmal auf diese Erfahrung einzustimmen.

Sollten Sie keine Gelegenheit haben, die nachfolgende Übung in der Natur durchzuführen, dann suchen Sie sich einfach eine der in diesem Buch abgebildeten Landschaftsaufnahmen aus, in der Sie sich genau in diesem Moment wohlfühlen würden, betrachten Sie sie einige Augenblicke lang und stellen Sie sich vor, Sie seien während eines Spazierganges gerade dort angekommen. Saugen Sie die Farben in sich auf, folgen Sie den Anweisungen, und entspannen Sie sich ...

Einstimmungsübung

Suchen Sie bei Ihrem nächsten Spaziergang eine Stelle auf, an der Sie sich wohl und geborgen fühlen. Halten Sie aber vor dem Betreten dieses Platzes inne und erspüren Sie, ob Sie den Hütern des Ortes willkommen sind! Wenn Sie das Gefühl haben, Sie seien dort akzeptiert, dann lassen Sie sich nieder und atmen Sie ein paarmal tief ein und aus. Stellen Sie sich vor, daß Sie beim Einatmen frische, natürliche Energie aufnehmen, und lassen Sie beim Ausatmen alles los, das Sie bedrückt: alle Sorgen, Gedanken und belastenden Gefühle.

Betrachten Sie dann mit wachen Sinnen alles, was Sie in Ihrer Umgebung sehen: die Blumen, das Gras, Büsche, Bäume und Sträucher, Käfer, Schmetterlinge, Würmer, Vögel, Steine, Wurzeln – kurz: alles, was es um Ihren Platz herum gibt. Entdecken Sie die Schönheit dieses kleinen Fleckchens beseelter Natur. Spüren Sie, wie dessen Energie eine innere Ruhe in Ihnen auslöst.

Halten Sie vor dem Betreten eines bestimmten Platzes inne und erspüren Sie, ob Sie den Hütern des Ortes willkommen sind!

Wenn Sie ein Problem oder eine Frage haben, dann bitten Sie den Baum, den Stein, das Tier oder was auch immer ihren Blick in diesem Moment gefangen hält, um Rat. Nehmen Sie als Antwort, welcher Gedanke Ihnen dann kommt. Fangen Sie aber nicht an, den Gedanken zu analysieren und in Frage zu stellen. Lassen Sie ihn einfach stehen und denken Sie später darüber nach.

Wenn Sie Ihren Platz wieder verlassen, danken Sie den Energien dafür, daß Sie an ihnen teilhaben durften. Um diesen Dank auszudrücken, verstreuen Sie etwas Mehl oder Tabak und sprengeln Sie ein wenig Wasser auf die Erde. Sie werden feststellen, daß Sie sich nach dieser kleinen Zeremonie wohl und friedlich fühlen.

Haben Sie die Übung zu Hause vor einem Foto gemacht, dann danken Sie dieser Landschaft einfach damit, daß Sie anerkennen, wie wohl Sie sich in ihr gefühlt haben.

Foto links: Das Ufer eines Flusses oder Baches ist ein geeigneter Ort, um mit der beseelten Natur Kontakt aufzunehmen.

Erdgeister

Energien der Wälder, Felsen, Höhlen und Moore

*„Wer sie nicht kennte, die Elemente,
ihre Kraft und Eigenschaft,
wäre kein Meister über die Geister."*
Goethe, Faust I

*Foto: Im Schoße der Mutter Erde: „Leviathan Cave"
in Nevada/USA.*

Unseren alten Sagen nach gibt es eine ganze Reihe von Erdgeistern: Da sollen in dunklen Wäldern, Schluchten und Gebirgen Gnome und Zwerge hausen. In Wurzelstöcken und in alten Bauernhöfen treiben die Heinzel-, Hutzel- und Wichtelmännchen ihren Schabernack. Auf Schlössern, Burgen und in entlegenen Häusern geistern Kobolde und in Bergwerken, Steinbrüchen und Erzstätten Bergmönche oder Bergmännchen. Irrwische sollen sich in Sümpfen und Mooren versteckt halten, Trolle in dunklen Höhlen und düsteren Waldplätzen.

Jeder, der schon einmal die Magie solcher Orte verspürt und erlebt hat, und jeder, der die verzaubernde und magnetisierende Anziehung aus den Fotografien in diesem Buch fühlt, wird verstehen, warum sich unsere Vorfahren vorgestellt haben, daß in dieser wildbewachsenen Schlucht, in jenem ausufernden Wurzelgeflecht, im mit Moos überwucherten, vermodernden Baumstumpf, im neblig-dampfenden Moor, in der düster dunklen Höhle oder in dem kraftvoll bizarren Gesteinsmassiv Wesen hausen. Die Märchen und Sagen beschreiben diese Erfahrung sehr bilderreich. Jeder Psychologe kann diese Schilderungen sofort auf unsere heutigen psychischen Befindlichkeiten übertragen.

Zieht es Ihnen manchmal den Boden unter den Füßen weg? Fühlen Sie sich ungenügend geerdet? Nehmen Sie Kontakt zur Erde auf! Tanken Sie Energie aus Wäldern, Felsen, Höhlen und Mooren!

Die Märchen und Sagen geben uns aber auch einen im geographischen Sinne praktischen Hinweis, nämlich darauf, wo diese Energieorte zu finden sind. Jeder Sensitive spürt, daß es an den oben genannten Orten mehr Energie gibt als anderswo. Für die einen ist das eine angenehme, erleichternde oder gar beflügelnde Erfahrung, andere erleben Angst, Nervosität und innere Unruhe. In vielen meiner Seminare, vor allem denen an den indianischen Kraftorten von Arizona und New Mexico, habe ich festgestellt, daß Energieplätze die Grundstimmung in uns verstärken, mit der wir angekommen sind. Das bedeutet nichts anderes, als daß die Erdenergien (oder Erdgeister) unser Bewußtwerden unterstützen, was sich wiederum äußerst hilfreich auf unseren Heilungsprozeß auswirkt. Heil werden heißt ja, unsere weibliche und unsere männliche Seite ins Gleichgewicht bringen – was nicht nur jeden Einzelnen von uns betrifft, sondern auch die Erde als Ganzes. Die

Energien der vier Elemente sind dafür die besten Helfer. Dabei ist zu beachten, daß wir uns immer mit dem Element besonders stark aufladen, das in unserem Leben überwiegt.

Die Erdenergien werden schon seit Jahrtausenden zur Heilung eingesetzt. In vielen Kulturen reiben Heiler die Kranken am ganzen Körper mit Erde, Schlamm oder Lehm ein, denn dadurch werden Krankheitskeime und negative Energien aus Haut und Körper gezogen, eine Methode, die heutzutage in Schönheitssalons durch Lehmmasken und Moorpackungen oder in der alternativen Heilkunde durch Tonerde immer noch angewendet wird. In der Medizin entspricht dem Erdelement der Muskel- und Bewegungsapparat, der Knochenbau und die Verdauung.

Die meisten von uns können sich nicht vorstellen, an den eingangs erwähnten, sagenumwobenen Orten die Existenz von Gnomen, Kobolden und Trollen aufspüren zu können. Vielleicht liegt das daran, daß wir diese Art von Feinfühligkeit verloren haben, vermutlich vor allem aber daran, daß uns der Gedanke an kleine, feinstoffliche Wesen als zu phantastisch erscheint. Unsere Erfahrungs- und damit auch unsere Vorstellungswelt ist eine andere als die der Menschen vor vielen Generationen, und möglicherweise empfinden wir es daher auch als leichter, abstrakte, neutrale Ansätze zu verfolgen und diese Wesen einfach als Synonym für besondere Erdenergien zu betrachten.

Der erste Schritt, um sich gegenüber der Erdenergie zu öffnen, ist die nachfolgende Übung.

Nutzen Sie die Erdenergien doch einmal, um dem Teil Ihrer Person, der auf das engste damit verbunden ist – Ihrem Körper – mehr Aufmerksamkeit zu schenken. Das sollten Sie besonders dann tun, wenn vieles in Ihrem Leben mit Körperlichem und Materiellem zu tun hat oder wenn Sie unter einem Erdzeichen (Stier, Jungfrau, Steinbock) geboren wurden.

Grundübung: Mein Verhältnis zum Element Erde

Gehen Sie an einen Ort in der Natur, an dem Sie sich wohl und geborgen fühlen, idealerweise natürlich an einen der oben genannten Energiepunkte (Wald, Schlucht, Gebirge, Höhle, Sumpf, Moor), oder suchen Sie sich einen solchen Ort aus den im Buch abgebildeten Landschaften aus und stellen Sie sich vor, Sie wären dort.

Nehmen Sie an Ihren Kraftort eine Speise mit, die Sie besonders gern mögen und verzehren Sie diese an diesem Platz.

Danken Sie der Erde für diese Speise. Berühren Sie ein paar Augenblicke lang mit beiden Hand- und Fußflächen die Erde, und spüren Sie, wie Erdenergie in Sie einströmt. Geben Sie der Erde Ihre eigene Energie zurück. Dadurch haben Sie sich mit der Erde verbunden. Wenn Sie die Übung zu Hause durchführen, findet dieser Vorgang in Ihrer Vorstellung statt.

Stellen Sie sich dann folgende Fragen – am besten schreiben Sie sie auf ein Blatt Papier:

- *Welche Gefühle habe ich gegenüber meiner Mutter?*
- *Was bedeutet mir meine Familie?*
- *Kann ich anderen das Gefühl von Geborgenheit vermitteln?*
- *Fühle ich mich verstanden?*
- *Bemühe ich mich darum, andere zu verstehen?*
- *Was vermittelt mir das Gefühl von Sicherheit?*
- *Welche Rolle spielt Geld in meinem Leben?*
- *Fühle ich mich gelegentlich überfordert?*
- *Halte ich mich für pflichtbewußt?*
- *Habe ich Angst vor der Zukunft?*
- *Hatte ich schon einmal das Gefühl, „im Boden versinken" zu müssen? Warum?*
- *Bei welcher Person finde ich Trost?*
- *Welches Ereignis würde mir „den Boden unter den Füßen entziehen"?*
- *Ernähre ich mich bewußt und esse ich mit Genuß?*
- *Gehe ich gerne barfuß?*
- *Leide ich häufig unter Verspannungen?*
- *Macht es mir etwas aus, mir die Hände schmutzig zu machen?*
- *Kann ich mir vorstellen, auf bloßer Erde zu schlafen?*
- *Verspüre ich gelegentlich den Wunsch, alleine in der Wildnis zu sein?*
- *Wofür bin ich heute dankbar?*

Wenn Sie diese Fragen beantworten, werden Sie rasch herausfinden, was Ihnen Halt gibt, und was Sie verunsichert. Wenden Sie sich dann an Mutter Erde und bitten Sie sie, genau in diesem Augenblick an Ihrem Lieblingsplatz, um Hilfe, um Halt, Nahrung, Schutz und Sicherheit.

Standfestigkeit, Ausdauer und Entspannung durch die Kraft der Erde

Das Erdelement hilft uns immer dann, wenn es um Unterstützung, Sicherheit und Erdung geht. Die mittels der Grundübung durchgeführte, innere Bestandsaufnahme werden Sie sehr sporadisch, vielleicht nur einmal im Jahr, durchführen. Zu Ihren Energieplätzen in der Natur oder auf dem Foto – Sie werden sich mit der Zeit einige zur Auswahl gesucht haben, je nachdem, welche Energie Sie gerade brauchen – werden Sie jedoch mindestens einmal im Monat gehen wollen, um sich aufzuladen und auszubalancieren.

Vermutlich wird es Ihnen dabei ähnlich gehen wie mir: Wenn ich fürchte, in Panik zu verfallen und darüber den Bezug zur Realität zu verlieren, weil es mir den Boden unter den Füßen weggezogen hat, dann gehe ich zu meiner speziellen Stelle im Wald und erde mich. Ich werde Ihnen einen Waldplatz beschreiben und eine Übung zur Kraftaufladung. Zu einem anderen Kraftort im Gebirge gehe ich, wenn ich mehr „Rückgrat" brauche, wenn Standfestigkeit und Ausdauer gefragt sind.

Lassen Sie sich von mir zu einem Kraftfelsen führen. Manchmal ist es auch ratsam, sich zurückzuziehen und in sich zu gehen. Dafür empfehle ich Ihnen eine Höhle. Dort können Sie dann Ihrem Krafttier begegnen.

Schließlich kann es sein, daß Sie sich körperlich, seelisch oder geistig verspannt fühlen. Da hilft Ihnen am ehesten eine Wanderung im Moor. Die weiche Erdenergie wird Sie wieder entspannen und locker machen.

Die Kraft des tiefen Waldes

Sie kennen die Situation: Sie haben eine Reihe von Verpflichtungen übernommen und darüber hinaus vielleicht noch große Pläne geschmiedet. Auf einmal erleben Sie den Verlust eines lieben Mitmenschen, ein wichtiger Auftrag kommt nicht zustande, oder Sie verlieren den Arbeitsplatz, kurz: es geschieht etwas so Unerwartetes und Unvorhergesehenes, daß alles, was sie bis dahin als sicher und selbstverständlich betrachtet haben, ins Wanken kommt. Auf einmal fühlen Sie sich, als hätten Sie den Kontakt zum Leben verloren. Möglicherweise haben Sie zu diesem Zeitpunkt auch gesundheitliche Probleme, die in Zusammenhang mit dem Erdelement stehen, also Muskelerkrankungen, Rheuma, Arthritis und ähnliche Beschwerden. In diesen und anderen Situationen brauchen Sie die Energie von Mutter Erde, denn nur ihre besänftigende und beruhigende Kraft bringt Sie wieder auf den Boden der Tatsachen zurück.

Suchen Sie sich dazu einen Platz im Wald, an dem Sie ungestört sind, oder wählen Sie eines der Waldfotos aus diesem Buch aus und vertiefen Sie sich in die Stimmung, die es ausstrahlt. Alle folgenden Schritte dieser Übung sollten Sie in Ihrer Vorstellung nachvollziehen, falls Sie sie nicht tatsächlich in der freien Natur durchführen können.

Lassen Sie dieses von Ihnen ausgewählte Stück Wald auf sich wirken. Spüren Sie den inneren Frieden, der von ihm ausgeht. Atmen Sie ein paarmal tief ein und aus, und lassen Sie in Gedanken alles los, was Sie verunsichert und bedrückt. Nehmen Sie jetzt Ihre Umgebung mit allen Ihren Sinnen wahr: Riechen Sie die Erde und den Duft der Pflanzen. Hören Sie auf die Geräusche, die Sie umgeben. Fühlen Sie mit Ihren Händen den Boden.

Legen Sie sich dann auf die Stelle, die sich am besten für Sie anfühlt (oder stellen Sie es sich vor), und berühren Sie mit beiden Handflächen und beiden Fußsohlen die Erde. Schließen Sie die Augen. Spüren Sie, wie ein langsames, tiefes Pulsieren aus dem Herzen der Erde aufsteigt. Fühlen Sie sich mit diesem inneren Pulsschlag verbunden. Lassen Sie mit jedem Ausatmen Ihre

Foto rechts: Der Wald vermittelt die besänftigende Ruhe des Elementes Erde Waldreservat im ungarischen Nationalpark Gemenc-Beda-Kavapans).

Sorgen und Gedanken über ihre Hände und Füße in die Erde abfließen, und spüren Sie, wie bei jedem Einatmen warme, Erdenergie in Sie einströmt. Dieser beruhigende Fluß durchströmt Ihren ganzen Körper.

Stellen Sie sich jetzt vor, wie in Ihren Kopf ein Strom goldenen Lichts einfließt und sich über Ihren ganzen Körper ergießt. Sammeln Sie dieses goldene Licht in Ihrer Herzgegend und lassen Sie es anschließend bei jedem Ausatmen über Ihre Handflächen und Fußsohlen in die Erde strömen. Spüren Sie, wie Ihre Hände und Füße dadurch wie Wurzeln in die Erde hinunterreichen. Beim Einatmen fließt weiterhin Erdenergie in Sie und vermischt sich mit dem Licht. Sie sind in einem Energiekreislauf, sind nun genauso Teil der Erde wie der Baum, der Strauch oder das Gras, auf dem Sie liegen. Genießen Sie diese Verbundenheit zu Mutter Erde.

Nach einigen Minuten werden Sie spüren, daß Sie sich ruhig und entspannt fühlen und dennoch auch voller Kraft. Nehmen Sie diese sanfte Energie von Mutter Erde bewußt in sich auf. Und wenn Sie innerlich dazu bereit sind, dann öffnen Sie wieder Ihre Augen und nehmen Ihre Umgebung neu wahr: Sie werden feststellen, daß die Farben viel lebendiger und stärker, die Gerüche ausgeprägter und die Geräusche friedlicher wirken.

Achten Sie jetzt genau darauf, was geschieht: Sehen Sie Dinge, die Sie vor der Übung nicht sahen? Hören Sie andere Geräusche? Riechen Sie neue Düfte? Tauchen Tiere auf, die vorher nicht da waren? Nach indianischem Denken teilen sich in diesen Erscheinungen die Erdgeister mit. Seien Sie also ein aufmerksamer Beobachter.

Registrieren Sie alle Veränderungen, schreiben Sie sie auf, wenn Sie wollen. Und bitten Sie Mutter Erde, Ihnen mitzuteilen, welche Botschaften sich hinter diesen Erscheinungen verbergen. Die Antwort werden Sie in Form von Gedanken oder starken Gefühlen erhalten. Nehmen Sie diese ernst und denken Sie darüber nach.

Ziel dieser Übung ist es, Kontakt zur Erde herzustellen und sich mit ihrer Energie aufzuladen. Wenn Sie dabei das Gefühl haben, die Anwesenheit besonderer Energien oder Wesen zu spüren, wird dieser Eindruck vermutlich bei einer späteren Wiederholung der Übung noch verstärkt werden. Lassen Sie es zu, daß die Erdgeister – in welcher Form auch immer – mit Ihnen kommunizieren.

Machen Sie es sich bei allen Übungen zur Angewohnheit: Sorgen Sie dafür, daß Ihr Kraftplatz wieder genauso aussieht, wie Sie ihn angetroffen haben. Danken Sie der Erde und ihren Energien für die Kraft und die Anregungen, die Sie empfangen durften. Nach indianischer Tradition verstreuen Sie als Dank noch etwas Mehl oder Tabak und gießen Wasser auf die Erde.

Die Stärke des harten Felsens

Verschiedene Situationen erfordern unterschiedliche Reaktionen. Nehmen wir an, Sie haben eine Aufgabe oder Tätigkeit vor sich, die viel „Rückgrat", viel Standfestigkeit oder Ausdauer erfordert. Dann kann es zwar auch nie schaden, in den Wald zu gehen und sich mit der Erde zu verbinden. Aber noch wirksamer und kraftvoller ist es, wenn Sie sich in der Natur (oder auf einem der Fotos hier im Buch) einen großen Stein oder Felsen suchen und mit ihm den Energieaustausch suchen.

Haben Sie ihn gefunden – geben Sie dabei einfach Ihrem Gefühl nach, es sagt Ihnen, welcher Felsen der richtige für Sie ist –, dann lassen Sie ihn erst einmal auf sich wirken. Spüren Sie, welche Kraft von ihm ausgeht. Atmen Sie ein paarmal tief ein und aus, und lassen Sie in Gedanken alles los, was Sie verunsichert und schwächt. Nehmen Sie jetzt Ihre Umgebung mit allen Ihren Sinnen wahr: Riechen Sie die Erde und den Duft der Pflanzen. Hören Sie auf die Geräusche, die Sie umgeben. Legen Sie die Innenflächen Ihrer Hände an den Stein und „erfühlen" Sie ihn.

Setzen Sie sich dann bequem vor den Felsen, so daß Ihr Rücken ihn berührt, und setzen Sie beide Füße flach auf der Erde auf. Schließen Sie die Augen. Spüren Sie, wie sich ein langsames,

*Foto oben:
Der Fels – Sinnbild
der Standhaftigkeit
und Stärke – und
dennoch zurück-
tretend vor der
sanften Urgewalt
des Wassers.*

kraftvolles Pulsieren aus dem Felsen auf Sie überträgt. Fühlen Sie sich mit diesem inneren Pulsschlag verbunden. Lassen Sie mit jedem Ausatmen Ihre Sorgen und Gedanken über Ihre Fußsohlen in die Erde abfließen. Konzentrieren Sie sich dann auf Ihre Wirbelsäule. Machen Sie sich bewußt, daß sie Ihr Nerven- und Energiekanal ist. Spüren Sie, wie von diesem Kanal Wärme in den ganzen Körper strömt. Nach ein paar Augenblicken werden Sie das Gefühl haben, daß Ihr ganzer Rücken pulsiert und kribbelt und Ihre Wirbelsäule weich wird.

Das ist der Zeitpunkt, an dem Sie Ihre Aufmerksamkeit zum Felsen, zu Ihrer Rückenlehne wandern lassen. Verströmen Sie Ihre Wärme und Weichheit, die Ihren ganzen Rücken erfüllt, in den Stein. Lassen Sie es mit jedem Ausatmen aus sich herauspulsieren. Spüren Sie bei jedem Einatmen, wie der Fels mit seiner Kraft und Wärme antwortet. Geben Sie sich ganz diesem Energieaustausch hin. Wenn sich in Ihnen Gefühle regen, dann lassen Sie sie zu. Kommunizieren Sie mit dem Stein, als wäre er Ihr bester Freund.

Nach einigen Minuten werden Sie sich ruhig und entspannt und voller Kraft fühlen. Nehmen Sie diese starke Energie des Felsens bewußt in sich auf. Und wenn Sie innerlich dazu bereit sind, dann öffnen Sie wieder Ihre Augen und nehmen Ihre Umgebung neu wahr: Sie werden feststellen, daß die Farben viel lebendiger und stärker, die Gerüche ausgeprägter und die Geräusche friedlicher wirken.

Achten Sie jetzt genau darauf, was geschieht: Sehen Sie Dinge, die Sie vor der Übung nicht sahen? Hören Sie andere Geräusche? Riechen Sie neue Düfte? Tauchen Tiere auf, die vorher nicht da waren? Bewegt sich eine Pflanze? Läßt sich ein Vogel bei Ihnen nieder? Beobachten Sie aufmerksam, registrieren Sie alle Veränderungen, schreiben Sie sie auf, wenn Sie wollen. Nehmen Sie Kontakt zu dem Wesen auf, auf das Ihr Augenmerk gefallen ist. Sprechen Sie mit diesem Wesen, aber nicht mit Worten, sondern mit Ihren Gefühlen. Fragen Sie diese Energie: Was kannst du mich lehren? Wie kann ich deine Energie in meinem Leben anwenden? Die Antwort werden Sie in Form von Gedanken oder starken Gefühlen erhalten. Nehmen Sie diese ernst und denken Sie darüber nach.

Vergessen Sie nicht, bevor Sie Ihren Kraftfelsen verlassen, ihm und seinen Energien (oder Geistern) für seine Hilfe zu danken, indem Sie aus Ihrem Herzen ein warmes, dankbares Gefühl zu ihm strömen lassen, und achten Sie darauf, daß Sie den Ort ebenso verlassen, wie Sie ihn vorgefunden haben.

Die Magie der dunklen Höhle

Überall auf der Welt gibt es natürliche Höhlen, die vor Jahrtausenden Mutter Erde oder der großen Göttin geweiht wurden und in denen Feste gefeiert und Rituale begangen wurden. Die Höhlen repräsentierten die Gebärmutter der großen Göttin. In der Höhle, so glaubten die Alten, liegt das Geheimnis des Lebens. Naturvölker wie die Indianer Nordamerikas glauben noch heute, daß Höhlen der Ort der Erneuerung und der Begegnung mit dem sogenannten Krafttier sind.

Krafttiere – so lehren Medizinmänner und Schamanen – sind Geister mit den Eigenschaften der Tiere, die sie verkörpern: Geschwindigkeit, Ausdauer, Sicherheit, Kraft, Anpassungsfähigkeit und ähnliches. Diese Geister sprechen zu uns, wenn wir sie aufsuchen und sie um Hilfe bitten. Der beste Ort, um sie zu treffen, ist eine tatsächlich existierende oder geistig vorgestellte Höhle.

Suchen Sie sich dazu einen Platz in der Natur, an dem Sie ungestört sind und der eine Grube, Höhlung oder Öffnung aufweist: eine Höhle, ein offener Baumstumpf, ein Loch, das von einem Tier gegraben wurde. Sie können auch eines der Fotos aus diesem Buch auswählen und sich in die Stimmung vertiefen, die es ausstrahlt. Alle folgenden Schritte dieser Übung sollten Sie in Ihrer Vorstellung nachvollziehen, falls Sie sie nicht tatsächlich in der freien Natur durchführen können.

Lassen Sie diesen von Ihnen ausgewählten Ort auf sich wirken. Atmen Sie ein paarmal tief ein und aus und lassen Sie in Gedanken alles los, was Sie in Ihrer Konzentration einschränkt. Nehmen Sie jetzt Ihre Umgebung mit allen Ihren Sinnen wahr: Riechen Sie die Erde und den Duft der Pflanzen. Hören Sie auf die Geräusche, die Sie umgeben. Ertasten Sie die Öffnung mit Ihren Händen oder gehen Sie, falls es sich um eine Höhle handelt, hinein.

Setzen Sie sich dann auf die Stelle, die sich am besten für Sie anfühlt, und schließen Sie die Augen. Stellen Sie sich jetzt vor, wie aus dem Endpunkt Ihrer Wirbelsäule, dem Steißbein, eine Wurzel erwächst, die tief in die Erde eindringt. Mit jedem Ausatmen wächst diese Wurzel immer tiefer ins Erdreich hinein, bis sie

Foto rechts: Höhlen sind Kraftorte, an denen die Energieströme des Erdelements besonders stark auftreten.

schließlich in einer unterirdischen Höhle anlangt. Begeben Sie sich in Ihrer Vorstellung in diese Höhle und sehen Sie sich darin um. Nehmen Sie jedes kleine Detail auf, das Sie vor ihrem inneren Auge abgebildet sehen. Stellen Sie sich dann ein Tier vor. Welches kommt Ihnen in den Sinn? Betrachten Sie es genau. Danken Sie ihm, daß es nur für Sie gekommen ist. Fragen Sie es, welche Botschaft es Ihnen überbringt, und achten Sie auf alle Gefühle und Gedanken, die sich jetzt einstellen.

Wenn Sie den Eindruck haben, lange genug mit Ihrem Krafttier kommuniziert zu haben, dann verabschieden Sie sich von ihm – wohl wissend, daß die Kraft des Tieres von nun an immer für Sie abrufbar ist. Danken Sie ihm noch einmal, und schweben Sie dann langsam an die Erdoberfläche zurück. Danken Sie dann auch der Erde dafür, daß sie Ihnen diese Erfahrung ermöglicht hat. Öffnen Sie nun langsam wieder Ihre Augen. Nehmen Sie Ihre Umgebung wieder bewußt wahr, bemerken Sie die Veränderung gegenüber dem Zeitpunkt, als Sie hier ankamen. Scheint die Natur nicht farbenfroher und lebendiger? Öffnen Sie sich dieser Energie! Staunen und genießen Sie! Sie werden noch tagelang von dieser neuen und beeindruckenden Erfahrung zehren.

Der Friede des dampfenden Moores

Streß, Anspannung, Hektik – wer leidet nicht, zumindest zeitweise, unter diesen Begleiterscheinungen des heutigen Alltags. Die Folge: Wir verlieren unseren Seelenfrieden, unsere innere Ausgeglichenheit und damit auch unsere Leistungsfähigkeit. Was Sie in dieser Situation brauchen, sind nicht Baldriantropfen oder ein Südsee-Urlaub, sondern die besänftigende und entspannende Kraft der Erde. Manchmal genügt hierfür schon eine Fangopackung auf Rücken und Schultern, aber noch wirkungsvoller ist die folgende Übung: Suchen Sie sich dazu einen sicheren Platz in einem Moor- oder Sumpfgebiet, oder wählen Sie eines der Fotos aus diesem Buch aus und vertiefen Sie sich in die Stimmung, die es ausstrahlt. Alle folgenden Schritte dieser Übung sollten Sie in Ihrer Vorstellung nachvollziehen, falls Sie sie nicht tatsächlich in der freien Natur durchführen können.

Foto rechts: Die friedliche Ruhe einer Moor- oder Sumpflandschaft ist Balsam für die Seele. (Landschaft im rumänischen Donaudelta).

Lassen Sie das von Ihnen ausgewählte Stück Moor auf sich wirken. Spüren Sie die Ruhe, die von ihm ausgeht. Atmen Sie ein paarmal tief ein und aus, und lassen Sie in Gedanken alles los, was Sie streßt und nervös macht. Nehmen Sie jetzt Ihre Umgebung mit allen Ihren Sinnen wahr: Riechen Sie die Erde und den Duft der Pflanzen. Hören Sie auf die Geräusche, die Sie umgeben. Fühlen Sie den weichen Boden unter Ihren nackten Füßen.

Setzen Sie sich dann an die Stelle, die sich am besten (und sichersten!) für Sie anfühlt (oder stellen Sie es sich vor), und lassen Sie Ihre Füße bis zu den Knöcheln im weichen, morastigen Boden versinken. Schließen Sie die Augen. Spüren Sie die wohltuende Wärme des weichen Untergrunds. Lassen Sie mit jedem Ausatmen Ihren Streß, Ihre Hektik und Anspannung über die Fußsohlen in die Erde abfließen, und spüren Sie, wie bei jedem Einatmen warme, weiche Erdenergie in Sie einströmt.

Stellen Sie sich jetzt vor, wie sich diese weiche Erdmasse von Ihren Füßen herauf über Ihren ganzen Körper ergießt. Lassen Sie dieses wohlige Gefühl bei jedem Ausatmen über Ihre Fußsohlen in die Erde zurückfließen. Sie sind Teil eines warmen, wohltuenden Energiekreislaufs. Genießen Sie diese Verbundenheit zu Mutter Erde.

Nach einigen Minuten werden Sie sich ruhig und entspannt fühlen. Genießen Sie diese sanfte Energie von Mutter Erde, solange Sie wollen, und wenn Sie innerlich dazu bereit sind, dann öffnen Sie wieder Ihre Augen und nehmen Ihre Umgebung neu wahr.

Achten Sie jetzt genau darauf, was geschieht: Sehen Sie Dinge, die Sie vor der Übung nicht sahen? Hören Sie andere Geräusche? Riechen Sie neue Düfte? Tauchen Tiere auf, die vorher nicht da waren? Registrieren Sie alle Veränderungen und bitten Sie Mutter Erde, Ihnen mitzuteilen, welche Botschaften sich hinter diesen Erscheinungen verbergen. Die Antwort werden Sie in Form von Gedanken oder starken Gefühlen erhalten. Wenn Sie die Anwesenheit besonderer Energien oder Wesen zu spüren glauben, dann nehmen Sie diesen Eindruck durchaus ernst: Lassen Sie es zu, daß die Erdgeister, in welcher Form auch immer, mit ihnen kommunizieren, und vergessen Sie nicht, nach der Übung der Erde und ihren Energien für ihre Hilfe zu danken.

Mit diesen vier Übungen haben Sie die Möglichkeit, mit vier unterschiedlichen Erdenergien in Kontakt zu treten. Je häufiger Sie sich dieses Vergnügen gönnen, desto mehr werden Sie deren jeweilige Schwingungsfrequenz von denen anderer zu unterscheiden wissen. Vielleicht machen Sie dabei auch Erfahrungen, die Sie bisher als „aus dem Reich der Märchen" stammend abgetan hätten. Ob Sie diese Eindrücke als Naturgeister bezeichnen möchten oder nicht, sei Ihnen überlassen. Aber eines wird selbst der skeptischste Kritiker anerkennen: Diese Übungen vermitteln Ihnen einen Eindruck von der besonderen Energie, die an bestimmten Orten präsent ist. Und diese Energie hilft Ihnen, sich mit Kraft aufzuladen, Standfestigkeit zu gewinnen, Ihre Leistungsfähigkeit zu steigern und sich vollkommen zu entspannen.

Im Anschluß an diese Kraftaufladungen können Sie auch gelegentlich einmal etwas für unsere geschundene Erde tun, indem Sie den umgekehrten Weg beschreiten:

Versöhnung mit dem Erdelement

Konzentrieren Sie sich auf das Verströmen statt auf das Aufnehmen von Energie. Lassen Sie Ihre Liebe in die Erde fließen und bitten Sie sie um Vergebung für die Unachtsamkeiten, mit der wir sie behandeln, für die Wunden, die wir ihr zugefügt haben, und für die weltweite Zerstörung der Natur.

Wassergeister

Energien der Quellen, Flüsse, Seen und Meere

„Der, welcher wandelt diese Straße voll Beschwerden,
wird rein durch Feuer, Wasser, Luft und Erden."
Mozart, Die Zauberflöte

Foto: Die sanfte, aber auch gelegentlich ungestüme
Urkraft Wasser hat Landschaftsformen geschaffen,
die durch ihre Vielfalt immer wieder beeindrucken
(Küstenlandschaft im Port Campbell Nationalpark,
Australien).

In vielen Legenden, Sagen und Märchen spielen Wassergeister eine Rolle. Da tauchen in Quellen, Teichen, Weihern, Seen und Bächen Nixen und Nymphen auf. In Wasserstrudeln, wilden Flüssen und Wasserfällen treiben die Undinen ihr verführerisches Spiel. Draußen auf dem Meer locken Sirenen und Meerjungfrauen. In Deutschland ist die bekannteste dieser Verführerinnen die Loreley, die auf einem Felsen am Rhein mit ihrem Gesang die Schiffer ins Verderben gelockt haben soll. In England kennt man vor allem die Nixe von Cornwall, die angeblich König Artus das sagenumwobene Schwert Excalibur geschenkt hat. Für die Indianer Nordamerikas sind die Gewässer mit Geistern bewohnt, zu denen der Schamane Kontakt hat. Sie können aus wenig Wasser große Wolken entstehen lassen, die dann zu Regen führen, Überschwemmungen abwehren oder die Gewässer mit Fischen füllen. Auch in den zahllosen Ortslegenden überall in Europa tauchen die Wassergeister auf. In ihrer Mehrzahl sind sie weiblich, halb Mensch und halb Fisch, und man scheint sie bei der ersten Kontaktaufnahme vor allem durch Gesänge oder Geräusche wahrzunehmen.

Fühlen Sie sich manchmal niedergeschlagen und lustlos? Überkommt Sie zuweilen Angst und Sorge? Nehmen Sie Kontakt zum Element Wasser auf! Tauchen Sie ein in die Energie von Quellen, Wasserfällen, Bächen, Flüssen, Seen und Meeren!

Die Legenden besagen, daß man Wassergeister am ehesten in der Nähe rauschender Gewässer vernimmt, und man hört sie in der Meeresbrandung, im tosenden Wildbach, im sprudelnden Quell oder im donnernden Wasserfall. Ohrenzeugen berichten, Sie hätten zuerst gehört, wie die Nixen einander zuriefen, und dann erst den eigentlichen Gesang. Auf Männer soll er sexuell stimulierend wirken.

Daß den Wassergeistern soviel weibliche Macht zugesprochen wird, überrascht weiter nicht, wenn man sich vor Augen führt, daß Wasser von Anbeginn der Menschheit als der Grundbaustoff des Lebens begriffen und verehrt wurde: Die Erde entstand aus dem Urmeer, jeder Mensch beginnt im Fruchtwasser. Wasser ist das fruchtbare, weibliche Element, das erschafft, aber auch in Fluten und Überschwemmungen seine Zerströrungskraft unter Beweis stellen kann. Menschen, Tiere, Pflanzen können ohne Wasser nicht leben. Wasser ist geschmeidig und dennoch stark, was der berühmte stete Tropfen beweist, der einen Stein aushöhlen kann. In der Psychologie steht Wasser symbolisch für Gefühle und Emotionen, für das Unbewußte, aus dem alles kommt und in das alles zurückfließt. In der Medizin hat Wasser mit den Körpersäften und ihren Organen (Blut, Urin, Blase, Niere, Kreislauf) zu tun, und die heilende Wirkung des Wassers ist seit altersher bekannt.

Alle unsere europäischen Vorfahren wußten um die Bedeutung von Wasser für die Gesunderhaltung des Körpers und die Heilung von Krankheiten. Die Quellen, aus denen es gewonnen wurde, erfuhren daher besondere Verehrung. Mit ihrem Wasser wurde nicht nur der Körper, sondern auch der Geist des Menschen gereinigt: Taufrituale durch Untertauchen oder Besprengen mit geweihtem Wasser sollten den Täufling „reinwaschen" von schlechten Einflüssen, Taten und Gedanken, ihn unschuldig wie ein neugeborenes Kind in ein neues Leben entlassen.

Diese Heilquellen, an denen heute oft Kurbäder, Heiligen- und Wallfahrtskapellen stehen, sind energetisch besonders geladene Orte, an denen für manche Menschen Wassergeister Gestalt angenommen haben. Ob Sie zu diesen Sensitiven zählen, wissen nur Sie selbst. Auf jeden Fall aber werden Sie an diesen Kraftorten besondere Energien spüren.

Der erste Schritt, um sich gegenüber der Wasserenergie zu öffnen, ist die nachfolgende Grundübung.

Nutzen Sie die Wasserenergien doch einmal, um dem Teil Ihrer Person, das mit diesem Element verbunden ist – Ihrer Psyche – Gutes zu tun. Besonders, wenn Sie ein starker Gefühlsmensch sind, beruflich als Psychologe, Lehrer, Berater oder ähnliches überwiegend mit psychischen Vorgängen zu tun haben oder unter einem Wasserzeichen (Krebs, Skorpion oder Fisch) geboren sind, wird Ihnen diese Verbindung helfen, Ihr inneres Gleichgewicht zu bewahren.

Grundübung: Mein Verhältnis zum Wasser

Gehen Sie an einen Ort in der Natur, an dem Sie sich wohl und geborgen fühlen, idealerweise natürlich an einen der oben genannten Energiepunkte (Quelle, Teich, Weiher, See, Bach, Fluß, Wasserfall, Meer). Oder suchen Sie sich einen solchen Ort aus den im Buch abgebildeten Landschaften aus, und stellen Sie sich vor, Sie wären dort. Beobachten Sie das Fließen des Wassers und nehmen Sie diese Bewegung in sich auf. Beantworten Sie sich die folgenden Fragen:

- *Schreckt mich der Gedanke, etwas tun zu müssen, das ich noch nie getan habe?*
- *Ängstigt oder fasziniert mich der Gedanke, auf den Grund eines Gewässers sehen zu können?*
- *Welche Situationen machen mich nervös?*
- *Halte ich mich gerne im Wasser auf?*
- *Fällt es mir leicht, meine Gefühle zu zeigen?*
- *Empfinde ich Meeresrauschen als beruhigend oder als nervtötend monoton?*
- *Nehme ich ausreichend Flüssigkeit zu mir?*
- *Macht es mich ärgerlich, wenn mich ein lauer Sommerregen überrascht?*
- *Gehe ich mit Wasser sparsam oder verschwenderisch um?*
- *Kenne ich das Gefühl, grundlos losheulen zu müssen?*
- *Kann ich mir vorstellen, mich von einer Welle tragen zu lassen?*
- *Fühle ich mich häufig lustlos und schwach?*
- *Mag ich die Farben blau und türkis?*
- *Mache ich mir häufig Sorgen um andere Menschen?*
- *Wie ist es um meine Schwimmkünste bestellt?*
- *Liebe ich Überraschungen?*
- *Finde ich Meerestiere anziehend oder abstoßend?*
- *Wie gehe ich mit meinen Ängsten um?*
- *Assoziiere ich mit Wasser Verunreinigung und Krankheitserreger oder Klarheit und Reinheit?*
- *Bin ich mit meinem derzeitigen Leben zufrieden?*

Bei der Beantwortung dieser Fragen werden Sie herausfinden, wovor Sie am meisten Angst haben und was Ihnen Selbstvertrauen gibt. Nehmen Sie sich die Zeit, sie eingehend zu überdenken und möglichst aufrichtig zu beantworten.

Wenden Sie sich dann an das Lebenselement Wasser und bitten Sie es genau in diesem Augenblick an Ihrem Lieblingsplatz um Hilfe bei der Lösung Ihrer Probleme, um Zuversicht, Vertrauen und gefestigte Gefühle.

Belebung, Reinigung und Selbstfindung durch die Energie des Wassers

Das Element Wasser hilft uns immer dann, wenn es um Mut, Selbstvertrauen und das Zulassen von Gefühlen geht. Natürlich werden Sie die oben beschriebene Grundübung sehr selten durchführen, möglicherweise nur dann, wenn sich in Ihren Lebenszusammenhängen etwas grundlegend geändert hat. Zu Ihren Energieplätzen in der Natur oder auf dem Foto – Sie werden sich mit der Zeit einige zur Auswahl gesucht haben, je nachdem, welche Energie Sie gerade brauchen – werden Sie jedoch mindestens einmal im Monat gehen wollen, um psychische Energie zu tanken, sich zu reinigen, sich selbst zu finden und Ihr inneres Gleichgewicht wiederzuerlangen.

Eine Quelle oder ein Wasserfall eignen sich besonders gut, wenn Sie sich matt und lustlos fühlen. Wenn Sie die entsprechende Übung ausführen, werden Sie von Optimismus und Energie sprühen. Haben Sie den Eindruck, Sie müßten „Seelenmüll" loswerden, der sich aus Sorgen, Trauer, negativen Gedanken und emotionalen Verletzungen in Ihnen angestaut hat, dann rate ich Ihnen, einen Fluß oder Strom aufzusuchen, der alles aus Ihnen herauswäscht und Sie reinigt. Um sich innere Klarheit zu verschaffen, sucht man am besten einen Gebirgsbach auf; ein klares, möglichst abwasserfreies, fließendes Gewässer, einen Fluß oder Bach, gibt es sicher auch in Ihrer Nähe. Und weil der Charakter natürlicher Gewässer den Gefühlen im Menschen entspricht, helfen Ihnen Seen oder das Meer, wenn Sie Ihr inneres Gleichgewicht verloren haben.

Quellen und Wasserfälle – sprudelnde Lebensfreude

Es gibt Situationen im Leben, in denen wir uns niedergeschlagen und lustlos fühlen, manchmal sogar ohne vordergründig ersichtlichen Grund. Unser Energiehaushalt stimmt einfach nicht mehr. Wir sind psychisch angeknackst und schon die kleinste Kritik von

Freunden oder Außenstehenden läßt uns an uns selbst zweifeln. Uns ist zum Heulen zumute. Vielleicht zeigen sich außerdem auch noch Krankheitssymptome, die mit der Blase, Menstruation oder anderen Funktionen und Organen der Körpersäfte zu tun haben. Was wir in diesem Augenblick brauchen, ist ein Energieschub aus der Natur: eine Dosis Wasserenergie.

Suchen Sie sich dazu eine Quelle oder einen Wasserfall, oder wählen Sie eines der Fotos aus diesem Buch aus, und vertiefen Sie sich in die Stimmung, die es ausstrahlt. Alle folgenden Schritte dieser Übung sollten Sie in Ihrer Vorstellung nachvollziehen, falls Sie sie nicht tatsächlich in der freien Natur durchführen können.

Bitten Sie als erstes die Energien des Ortes, sich dort niederlassen zu dürfen. Wenn Sie das Gefühl haben, daß Sie dort willkommen sind, wenn sich der Ort also gut und friedlich anfühlt, dann atmen Sie ein paarmal tief ein und aus und lassen Sie in Gedanken alles los, was Sie deprimiert und bedrückt. Nehmen Sie jetzt Ihre Umgebung mit allen Ihren Sinnen wahr: Riechen Sie das Wasser, hören Sie sein Plätschern und tauchen Sie Ihre Hände ins belebende Naß.

Setzen Sie sich dann auf eine Stelle an der Quelle oder am Wasserfall, die sich am besten für Sie anfühlt und von der aus Sie bequem Ihre Füße ins Wasser baumeln lassen können. Danken Sie diesem Ort, daß Sie bei ihm zu Gast sein dürfen. Bewundern Sie seine Schönheit. Genießen Sie das beruhigende Plätschern oder kraftvolle Donnern. Sehen Sie die Wassertropfen aufsprühen und in der Sonne glitzern. Spüren Sie die Feuchtigkeit auf Ihrer Haut.

Schließen Sie dann, wenn Sie sich ruhig und eins mit der Umgebung fühlen, die Augen. Spüren Sie diese ruhige Energie, die vom Geräusch des Wassers ausgeht, und die Sie ruhiger und ruhiger werden läßt, je mehr Sie ihm lauschen. Sie fühlen sich mit dem Wasser und seiner ruhigen Kraft verbunden. Lassen Sie mit jedem Ausatmen Ihre Sorgen und Gedanken ins Wasser abfließen. Stellen Sie sich jetzt vor, wie über Ihren Kopf ein Strom goldenen Lichts in Sie einfließt und sich über Ihren ganzen Körper ergießt. Sammeln Sie dieses goldene Licht in Ihrer Herzgegend

*Foto links:
Wasserfälle –
überschäumende
Lebensenergie
aus der Kraftquelle
Natur (Krimmler
Wasserfälle,
Nationalpark Hohe
Tauern, Österreich).*

53

und lassen Sie es anschließend bei jedem Ausatmen über Ihre Haut und Ihre Hände und Füße ins Wasser strömen. Bei jedem Einatmen fließt durch jede Pore Ihrer Haut frische, blaue Wasserenergie in Sie ein und verbreitet sich im ganzen Körper. Spüren Sie den stetig fließenden Energiekreislauf von goldenem und blauem Licht. Sie sind Teil der sprudelnden Energie der Quelle oder des Wasserfalls geworden, Teil des immerwährend Neuen. Geben Sie sich diesem Gefühl hin.

Nach einigen Minuten werden Sie spüren, daß Sie sich ruhig und entspannt fühlen und doch auch voller Kraft. Einige werden ein starkes Hochgefühl erfahren, andere werden den Drang haben, zu lachen, zu kichern oder vielleicht sogar zu weinen – vor Glück und vor Erleichterung. Bleiben Sie so lange im Energiekreislauf, wie Sie möchten. Wenn Sie innerlich dazu bereit sind, dann öffnen Sie wieder Ihre Augen und nehmen Sie Ihre Umgebung neu wahr: Sie werden feststellen, daß die Farben leuchtender, die Gerüche intensiver, die Geräusche deutlicher auf Sie wirken. Geben Sie sich ganz diesen Eindrücken hin.

Achten Sie jetzt genau darauf, was geschieht: Sehen Sie Dinge, die Sie vor der Übung nicht sahen? Hören Sie andere Geräusche? Riechen Sie neue Düfte? Tauchen Tiere auf, die vorher nicht da waren? Registrieren Sie alle Veränderungen, und lassen Sie die Gefühle zu, die in Ihnen aufsteigen. Oft erfahren Sie auf diese Weise schon, welche Botschaften sich hinter diesen Erscheinungen verbergen. Bitten Sie das Wasser, Ihnen dabei zu helfen, und achten Sie dann auf alles, was Sie gleich darauf denken und fühlen. Wenn Sie dabei die Anwesenheit besonderer Energien oder Wesen zu spüren glauben, wird dieser Eindruck vermutlich bei einer späteren Wiederholung der Übung noch verstärkt werden. Lassen Sie es zu, daß die Wassergeister in welcher Form auch immer mit ihnen kommunizieren.

Vergessen Sie nicht zum Abschluß der Übung, Ihren Kraftplatz wieder in den Zustand zu bringen, der ihm gebührt. Danken Sie dem Wasser und seinen Energien für die Frische und Kraft, die Sie empfangen durften. Nach indianischer Tradition verstreuen Sie als Dank noch etwas Mehl oder Tabak auf den Boden, auf dem Sie saßen, und gießen Sie Wasser in die Quelle oder in den Wasserfall.

Flüsse und Ströme – reinigende Bewegung

Fließende Gewässer wurden jahrtausendelang für Tauf- und Heilrituale aufgesucht, denn man schrieb ihnen eine reinigende und zugleich läuternde Wirkung zu. Die Indianer Nordamerikas gehen noch heute zu Flußbiegungen, weil sich das Wasser dort besonders lebhaft bewegt, um wichtige persönliche oder rituelle Gegenstände zu reinigen. An markanten Stellen des Flußlaufes, Felsvorsprüngen, Ausbuchtungen und Flußschleifen vermuten sie Wassergeister – so, wie auch unsere Legenden von Undinen berichten, die sich bevorzugt an diesen Orten aufhalten.

Stellen Sie sich vor, daß der Fluß des Wassers alles aus Ihrem Innersten herausspült, was Sie loswerden möchten. Spüren Sie die reinigende Kraft. Erleben Sie, wie Sie sich leichter fühlen.

Überprüfen Sie doch selbst einmal, was es damit auf sich hat. Gehen Sie, wenn Sie alte, aufgestaute Gefühle wie Eifersucht, Neid und Mißgunst, Angst, Wut und Rachsucht oder andere negative oder deprimierende Empfindungen los werden wollen, an ein fließendes Gewässer oder wählen Sie dazu eines der Fotos in diesem Buch aus. Vernachlässigen Sie dabei den Gedanken, daß unsere Flüsse selbst nicht mehr rein sind, denn die folgende Übung ist ein rein geistiger Vorgang.

Suchen Sie sich eine Stelle, an der sich das Wasser stark bewegt. Fragen Sie die Energien dieses Platzes, ob Sie sich bei ihnen niederlassen dürfen. Wenn Sie ein gutes Gefühl haben, dann bleiben Sie an diesem Ort und danken Sie den Energien. Setzen oder stellen Sie sich an einen Platz, an dem Sie sich sicher und ungestört fühlen. Halten Sie Ihre Hände oder Füße ins Wasser, aber achten Sie darauf, daß Sie unverspannt und locker sind. Atmen Sie ein paarmal tief ein und aus, und lassen Sie in Gedanken alles los, was gerade in Ihnen vorgeht. Nehmen Sie jetzt Ihre Umgebung mit allen Ihren Sinnen wahr: Riechen Sie das Wasser, hören Sie sein Rauschen. Spüren Sie es mit Ihren Händen oder Füßen.

Schließen Sie dann, wenn Sie sich absolut sicher fühlen, die Augen. Spüren Sie, wie Sie der stetige Fluß des Wassers durchströmt. Lassen Sie mit jedem Ausatmen Ihre belastenden Gefühle ins Wasser abfließen.

Nach einigen Minuten werden Sie spüren, daß Sie sich wie „reingewaschen" vorkommen. Genießen Sie dieses Gefühl so lange, wie Sie möchten. Wenn Sie innerlich dazu bereit sind, dann öffnen Sie wieder Ihre Augen und nehmen Ihre Umgebung wieder bewußt wahr: Sie werden feststellen, daß sich Ihnen die Farben, die Geräusche und Ihre ganze unmittelbare Umgebung in neuer, atemberaubender Schönheit offenbaren. Achten Sie dabei auf Dinge, die Sie vor der Übung nicht sahen, Geräusche, die Sie vorher nicht gehört, und Tiere, die Sie nicht wahrgenommen haben. Bitten Sie den Fluß, Ihnen bei der Entschlüsselung dieser Botschaften zu helfen. Achten Sie dann auf alle Gedanken oder starken Gefühle, die sich einstellen. Sollten Sie die Anwesenheit besonderer Energien oder Wesen spüren, dann danken Sie ihnen für ihre Gegenwart.

Am Ende der Übung verlassen Sie Ihren Kraftplatz wieder im gleichen, unberührten Zustand, wie Sie ihn zuvor angetroffen haben. Danken Sie dem Wasser und seinen Energien für die Reinigung. Verstreuen Sie als Dank noch etwas Mehl oder Tabak auf den Boden, auf dem Sie saßen, und gießen Sie Wasser in den Fluß.

Bäche – fließende Klarheit

Wer kennt das nicht: Man wird vor eine Entscheidung gestellt, die möglicherweise weitreichende Konsequenzen für den weiteren Lebensweg hat, und weiß nicht, welchen Weg man einschlagen soll. Da gibt es etwa zwei Angebote für einen neuen Job, die beide verlockend klingen und gleichzeitig auch Risiken in sich bergen. Oder Sie sind hin- und hergerissen zwischen zwei Personen, denen Sie gleichermaßen zugetan sind, aber für wen sollen Sie sich entscheiden? Wer die Wahl hat, hat die Qual, und bestimmt ist es auch Ihnen schon einmal so ergangen, daß Sie in einer solchen Situation des Abwägens, Zweifelns, Hoffens und Bangens schließlich überhaupt nicht mehr wußten, was Sie ei-

Foto: Alles mit sich
fortspülende,
fließende Klarheit
und sprudelnde
Energie verbinden
sich in den Gebirgs-
bächen (Wildwasser
im Nationalpark
Hohe Tauern,
Österreich).

gentlich wollten. Man verliert den Überblick und weiß nicht, wie
es weitergehen soll. Kurz: Die Lage verlangt nach Klarheit und
scheinbar ist die nicht zu erreichen.

Wenn Sie sich verkrampfen und mit aller Gewalt eine Lösung
suchen, werden Sie aller Wahrscheinlichkeit nach nicht die richtige Wahl treffen. Probieren Sie einmal genau das Gegenteil:
Lassen Sie los, und bitten Sie die Wasserenergie um Hilfe. Die
nachstehende Übung zeigt Ihnen, wie das geht.

Nachdem Sie in der Natur oder auf einem der Fotos hier im Buch einen klaren, ruhig und stetig dahinfließenden Bach gefunden haben, suchen Sie sich eine Stelle aus, an der Sie bequem und ungestört sitzen können. Sie fragen die Energien des Ortes, ob Ihre Anwesenheit gestattet ist, und wenn sich keine negative Resonanz (z.B. ein „mulmiges" Gefühl, plötzlich auftauchende Störungen oder ähnliches) einstellt, danken Sie den Energien und setzen sich hin.

Atmen Sie ein paarmal tief ein und aus, und beobachten Sie dabei den Bach. Sehen Sie, wie das Wasser mit steter Gleichmäßigkeit über Steine und Sand fließt. Bewundern Sie die Klarheit, die Sie bis auf den Grund sehen läßt. Konzentrieren Sie sich auf diese Klarheit, die auch Sie erreichen möchten. Lassen Sie jetzt bei jedem Ausatmen alle Ihre Sorgen und Gedanken los, und schließen Sie dann Ihre Augen.

Geben Sie sich ganz Ihren Sinneseindrücken hin. Hören Sie auf das friedliche Plätschern des Baches. Fühlen Sie die wohltuende Kühle des Wassers und des Windhauchs, der Ihre Haut umschmeichelt. Riechen Sie das Wasser. Beobachten Sie, wie der frische und natürliche Geruch Sie belebt und reinigt. Schmecken Sie das kühle, anregende Naß auf Ihrer Zunge. Verfolgen Sie, wie es durch Ihre Kehle weiter in Ihren Magen rinnt und von dort in alle Körperteile fließt: Saubere, prickelnde Frische erfüllt Sie jetzt von Kopf bis Fuß. Ihr Körper fühlt sich warm und entspannt an. Ihr Kopf ist frisch und leicht.

Betrachten Sie nun vor Ihrem inneren Auge das glasklare Wasser. Atmen Sie mit jedem Atemzug die Ruhe und den Frieden dieses Baches ein. Stellen Sie sich vor, wie das frische, kühle Wasser durch Ihren Kopf fließt und alle Ihre Gedanken mit sich fortspült. Nach ein paar Augenblicken werden Sie sich noch leichter und freier als vorher fühlen.

Konzentrieren Sie sich jetzt wieder auf das Plätschern des Wassers. Sagt Ihnen der Bach etwas? Lassen Sie diese Wahrnehmung zu, aber bleiben Sie im Schwebezustand der Leichtigkeit. Bitten Sie das Wasserelement – oder wenn Sie wollen, die Wassergeister – um Hilfe.

Foto links: Das stetig dahinplätschernde Wasser eines Baches fördert die Entspannung, die nötig ist, um zu Einsicht und Klarheit zu gelangen (Gebirgsbach im Nationalpark Kalkalpen, Österreich).

Akzeptieren Sie es, wenn Ihnen nicht sofort Antwort auf Ihre Fragen zuteil wird. Die Voraussetzungen, um zu neuen Einsichten zu gelangen, sind geschaffen und werden sich Ihnen von selbst offenbaren.

Bevor Sie in Gedanken abdriften, richten Sie Ihre Aufmerksamkeit wieder auf das Plätschern des Baches. Hören Sie sein fröhliches Glucksen. Lassen Sie sich anstecken von dieser reinen Freude. Lassen Sie zu, daß sie sich in Ihrem ganzen Körper verbreitet wie prickelnder Champagner. Angeregt von dieser Fröhlichkeit, öffnen Sie dann langsam Ihre Augen. Betrachten Sie nun den Bach, das Spiel der tanzenden Sonnenstrahlen auf dem klaren, dahinplätschernden Wasser. Saugen Sie die Schönheit dieses Anblicks in sich ein. Danken Sie dann dem Wasserelement (den Wassergeistern) für sein Zuhören und seine Hilfe und den Energien des Ortes mit Mehl oder Tabak und Wasser für ihre Gastfreundschaft.

Foto: Wer das ewige Kommen und Gehen der Wellen, ihr Aufbäumen an Hindernissen, die sich ihnen in den Weg stellen, und das sanfte Abebben ihrer unbändigen Kraft als natürliches Lebensgesetz begreift, kann auch mit seinen Gefühlen besser umgehen (Nordseewellen in Skagen, Dänemark).

Seen und Meere – ewiges Kommen und Gehen

In unserem Gefühlsleben – und um das geht es, wenn wir uns mit dem Wasserlement beschäftigen – werden wir oft hin- und hergeworfen zwischen Lebensfreude und Lebensangst, Fröhlichkeit und Niedergeschlagenheit, Zustimmung und Ablehnung, guten und schlechten Tagen. Damit dieser ständige Wechsel nicht zu einer Achterbahn der Gefühle wird, die uns gar aus der Bahn wirft, müssen wir Anschauungsunterricht in der Natur nehmen. Wer einmal das stete Kommen und Gehen der Wellen an einem See oder am Meer beobachtet und als Symbol für unser Leben verstanden hat, wird auch mit seinen „Gefühlswogen" besser umgehen können. Mehr noch: Wenn wir uns diesem Rhythmus bewußt hingeben, erreichen wir eine innere Ausgeglichenheit, die das Auf und Ab, den Wellenkamm und das Wellental, als ewiges Spiel erkennt, das anregt und das man lustvoll genießen kann.

Die folgende Übung wird Ihnen helfen, das ewige Auf und Ab als gleichmäßigen Rhythmus Ihres Lebens zu verstehen und anzunehmen und dadurch innerlich ruhiger zu werden. Führen Sie diese Übung durch, wann immer Sie das Gefühl haben, aus der Balance geraten zu sein. Suchen Sie sich dazu eine ruhige Stelle an einem See oder am Meer, oder wählen Sie eines der Fotos aus diesem Buch aus. Wenn Sie den Eindruck haben, daß Sie am Platz Ihrer Wahl willkommen sind, dann setzen Sie sich hin und halten dabei Ihre Füße ins Wasser. Wenn das nicht möglich sein sollte (z. B. weil Sie am Meer befürchten müssen, von der nächsten Welle überspült zu werden), können Sie die Übung auch im Stehen durchführen.

Setzen oder stellen Sie sich bequem hin, und beobachten Sie, während Sie langsam tief ein- und ausatmen, das Kommen und Gehen der Wellen. Spüren Sie das Wasser an Ihren Füßen und die Feuchtigkeit der Luft auf Ihrer Haut. Riechen Sie das Wasser. Lauschen Sie dem Rauschen der Wellen. Schließen Sie dann Ihre Augen.

Die sanfte Energie des Wasserelementes beeinflußt uns vielfach stärker als die starke Kraft des Felsens oder des Feuers.

Koordinieren Sie den Rhythmus Ihres Atems mit dem der Wellen: Stoßen Sie Ihren Atem laut aus, wenn sich die Brandung am Ufer bricht. Spüren Sie die Verbindung, die Sie dadurch mit dem Wasser aufbauen. Widmen Sie diesem Kommen und Gehen Ihre ganze Aufmerksamkeit. Falls sich Ihnen lästige Gedanken aufdrängen, dann lassen Sie sie ziehen. Ärgern Sie sich nicht über sie, denn damit halten Sie sie nur fest. Lassen Sie sie einfach über Ihre Füße ins Wasser abfließen.

Sinn dieser Übung ist es nicht, wie bei den anderen Meditationen Gefühle oder Gedanken loszuwerden und neue Visionen und Ideen zu empfangen. Hier geht es nur darum, eins zu werden mit dem ewigen Kommen und Gehen der Wellen und diesen Rhythmus in Ihrem Inneren abzubilden. Wenn Sie dabei gedanklich abdriften, ist das – wie bei allen Übungen – auch in Ordnung. Setzen Sie sich nicht selbst Schranken! Geben Sie sich einfach ganz bewußt der Energie des Wassers hin, und genießen Sie dieses Gefühl, so lange Sie wollen.

Wenn Sie innerlich dazu bereit sind, dann öffnen Sie wieder Ihre Augen und nehmen Sie Ihre Umgebung neu wahr. Achten Sie jetzt genau darauf, was geschieht: Sehen Sie Dinge, die Sie vor der Übung nicht sahen? Hat sich das Rauschen der Brandung verändert? Tauchen Tiere im Wasser, in der Luft oder am Strand auf, die vorher nicht da waren? Registrieren Sie alle Veränderungen, und bitten Sie das Wasser, Ihnen mitzuteilen, welche Botschaften sich hinter diesen Erscheinungen verbergen. Die Antwort werden Sie in Form von Gedanken oder starken Gefühlen erhalten. Wenn Sie dabei meinen, die Anwesenheit besonderer Energien oder Wesen zu spüren, dann nehmen Sie diesen Eindruck durchaus ernst: Lassen Sie es zu, daß die Wassergeister in welcher Form auch immer mit ihnen kommunizieren.

$$\infty$$

Die vier Übungen dieses Kapitels helfen Ihnen, psychische Energien zu tanken, sich zu reinigen, Klarheit und inneres Gleichgewicht wiederzuerlangen.

Vergessen Sie nicht, nach der Übung dem Wasser und ihren Energien für ihre Hilfe zu danken.

Versöhnung mit dem Wasserelement

Konzentrieren Sie sich auf das Verströmen Ihrer Energie statt auf das Aufnehmen. Lassen Sie Ihre Liebe ins Wasser fließen. Erweisen Sie ihm Respekt und Achtung. Bitten Sie es um Vergebung für alle gewaltsamen Veränderungen, mit denen wir seinen Kreislauf unterbrochen, seinen natürlichen Lauf gehemmt und für alle Verunreinigungen, die wir ihm so oft zugefügt haben.

Luftgeister

Energien der Winde, Wolken und Stürme

„Müsset im Naturbetrachten
immer eins wie alles achten:
Nichts ist drinnen, nichts ist draußen;
denn was innen, das ist außen."

Goethe, Epirrhema

Foto: Umhüllt von den Elementarkräften der Luft, zeugt die einsame Majestät des Berges von den Schönheiten der Natur.

*I*n allen Märchen und Legenden Europas geistern sie federleicht durch die Wolken, treiben ihr Spiel mit Wind und Wetter, foppen die Menschen oder regen ihre Gedanken an: Die Geister des Luftelements, die Sylphen und Elben. Auf Berggipfeln und auf Bergeshöhen kann man sie antreffen, über den Baumwipfeln und in den Luftströmen über weiten Fluren und Seen. Sie lieben ziehende Wolken und brausende Stürme. Sie sind nicht an bestimmte Orte gebunden, wie die anderen Naturgeister, sondern sind immer in Bewegung. Ihre Anwesenheit wird durch das Spiel der Wolken und die Bewegung der Blätter, das Wogen des Kornfelds und das Kräuseln des Wassers sichtbar. Zu hören sind sie im Rauschen des Windes, im Rascheln der Blätter oder im Pfeifen und Heulen des Sturmes.

Leiden Sie häufig unter Kopfschmerzen? Suchen Sie nach geistiger Klarheit? Nach Inspiration? Lassen Sie sich von den quirligen Luftwesen anstecken!

Die Indianer Nordamerikas sehen in den Luftwesen die Schutzgeister unserer geistigen Fähigkeiten, denn dem Element Luft entspricht beim Menschen der Verstand, die Gedanken, die Sprache. Die Navajo glauben, daß der Wind einem Neugeborenen bei seinem ersten Atemzug seinen Geist einhaucht. Bei anderen Stämmen spielt der Wind bei Weiheritualen eine ähnliche zentrale Rolle, wie bei der christlichen Taufe das Wasser. Indianische Medizinmänner und Schamanen beeinflussen mit Hilfe der Luftgeister das Wetter. Die Indianer glauben auch, daß sich Luftwesen in Gestalt von Vögeln oder Schmetterlingen zeigen oder sogar menschliche Gestalt annehmen können.

Heute werden diese Traditionen weder in Europa noch bei der Mehrzahl der vorindustriellen Völker geglaubt und gelebt. Luft wird als lebenswichtige, physikalische Größe verstanden, als ein Dampfgemisch aus Feuer und Wasser, das wir zum Überleben brauchen. Ohne Luft wäre es totenstill um uns: Wir geben Laute von uns, indem wir „unsere" Luft beim Ausatmen aus den Lungen an den Stimmbändern vorbeiführen und diese vibrieren lassen. Die uns umgebende Luft leitet den Schall dann an das Trommelfell im Ohr weiter. Aus diesem naturwissenschaftlichen Verständnis heraus ist die Luft Träger oder Transportmedium unserer Sprache, also unserer Gedanken – ja mehr noch: unserer gesamten Kommmunikation (Radiowellen, Funkwellen etc.). In

Zusammenhang mit dem Element Luft stehen alle Erkrankungen der Atemwege (Husten, Bronchitis, Asthma usw.), des Kopfes (z. B. Kopfschmerzen, Migräne), der Ohren und der Haut.

Der Mensch hat – obwohl er sich ihrer Lebenswichtigkeit bewußt war – ebenso wie Boden und Wasser, auch die Luft stark geschädigt, und dieser zerstörende Prozeß ist seit Beginn der Industrialisierung immer rascher vorangeschritten. Obwohl wir die Erde brauchen, die uns Nahrung, Kleidung und Schutz bietet, verschmutzen wir sie, düngen sie zu Tode und berauben sie ihrer natürlichen Vegetation. Ohne Wasser und Luft können wir nicht leben, und dennoch vergiften, verseuchen und verschwenden wir das kostbare Naß, verpesten die Luft und heizen die höheren Luftschichten mit Abgasen auf. Die Folge: Das Gleichgewicht der Elemente ist gestört, ihre Energie sinkt. Glauben deshalb die Indianer, daß sich die Naturgeister immer weiter zurückziehen? Wo sind sie denn dann überhaupt noch anzutreffen?

Die Hochgebirge und dicht bewaldeten Mittelgebirge, die weiten Ebenen und Seen sind auch heute noch die Orte, an denen die Schädigung der Natur durch den Menschen weniger drastische Ausmaße erreicht hat als anderswo. In diesen Landschaften gibt es noch immer energetisch besonders geladene Plätze.

Manche Menschen erfahren an diesen Orten die Existenz von Sylphen und Sturmgeistern. Andere spüren dort besondere Energien, die ihnen helfen, neue Gedanken zu entwickeln, sich von überkommenen Vorstellungen zu lösen und sich neue Ziele zu setzen.

Mit den folgenden Übungen können Sie sich diesen Erfahrungen öffnen. Der erste Schritt, um sich gegenüber der Luftenergie zu öffnen, ist folgende Übung.

Nutzen Sie die Luftenergien, um sich auf den Teil Ihrer Persönlichkeit zu konzentrieren, der in engem Zusammenhang mit der Luft steht – Ihrem Denken. Besonders, wenn Sie ein starker Verstandesmensch sind, überwiegend mit logischen und rationalen Vorgängen und Entscheidungen zu tun haben oder unter einem Luftzeichen (Zwillinge, Waage, Wassermann) stehen, wird Ihnen diese Verbindung helfen, Ihr inneres Gleichgewicht zu bewahren.

Grundübung: Mein Verhältnis zur Luft

Gehen Sie an einen Ort in der Natur, an dem Sie sich wohl und geborgen fühlen. Wenn Sie sich dem Luftelement zuwenden wollen, dann ist dies idealerweise ein Berggipfel. Sie können sich einen solchen Platz aber auch aus den im Buch abgebildeten Landschaften aussuchen und sich vorstellen, genau in diesem Moment dort zu sein. Spüren Sie den Hauch des Windes, und lassen Sie diesen Luftstrom durch Ihren Kopf dringen. Übergeben Sie die Antworten zu den folgenden Fragen einfach dem Wind. Wenn Sie die Übung zu Hause machen, findet dieser Vorgang in Ihrer Vorstellung statt.

- *Wie verhalte ich mich gegenüber Autoritätspersonen?*
- *Flößt mir Stärke Angst ein oder schafft sie Vertrauen?*
- *Welche Eigenschaften schätze ich an Männern?*
- *Behalte ich immer einen kühlen Kopf?*
- *Bei welchen Entscheidungen habe ich mich von meinen Gefühlen leiten lassen?*
- *Bin ich wetterfühlig?*
- *Kann ich mich in andere Personen „hineindenken"*
- *Wie empfinde ich stürmisches Wetter?*
- *Kann ich meine eigenen Schwächen akzeptieren?*
- *Fühle ich mich wohl in meiner Haut?*
- *Betrachte ich gerne ziehende Wolkenfelder?*
- *Was assoziiere ich mit Nebel?*
- *Fällt es mir schwer, einen Fehler einzugestehen?*
- *Wann empfinde ich das Gefühl eingeengt zu sein, keine Luft zu bekommen?*
- *Habe ich Angst vor Flugreisen?*
- *Bevorzuge ich für bestimmte Bereiche die Farbe weiß? Für welche? Warum?*
- *Neige ich dazu, mich selbst zu überschätzen?*

- *Fehlt mir häufig das Zutrauen und der Mut,
  Ideen spontan in die Tat umzusetzen?*
- *Genieße ich es, komplizierte Gedankenspiele
  nachzuvollziehen?*
- *Welche Pläne habe ich für meine Zukunft?*

Bei der Beantwortung dieser Fragen werden Sie herausfinden, welches Verhältnis Sie zu Ihrer männlichen Seite haben. Sie werden sich auch klarer darüber, was und wie Sie denken und welches Ihre Ziele sind. Wenden Sie sich dann an den Wind und bitten Sie ihn genau in diesem Augenblick an Ihrem Lieblingsplatz um Hilfe, gute Gedanken und ein starkes Selbstvertrauen.

Klarheit, Stärkung, Kreativität und Reinigung durch die Energie der Luft

Das Element Luft hilft uns immer dann, wenn es um klare Gedanken, Ideen, Pläne und deren Um- bzw. Durchsetzung geht, und wenn wir (besonders im Kontakt mit Autoritäten) mehr Selbstvertrauen benötigen.

Natürlich werden Sie die in der Grundübung beschriebene Selbsteinschätzung nur selten, vielleicht einmal im Jahr, durchführen. Zu Ihren Energieplätzen in der Natur oder auf einem Foto – Sie werden sich mit der Zeit einige zur Auswahl gesucht haben, je nachdem, welche Energie Sie gerade brauchen – werden Sie jedoch häufiger gehen wollen, um klare Gedanken zu fassen, sich mit geistiger Kraft aufzuladen, neue Visionen zu erhalten und Ihr gesamtes Denken von altem Ballast zu befreien.

Einen klaren Gedanken faßt man am besten in frischer, klarer Luft. Suchen Sie sich daher für die erste Übung einen Berggipfel, der Sie besonders anzieht. Haben Sie den Eindruck, Sie müßten sich mit geistiger Kraft aufladen, dann rate ich Ihnen, einen windumbrausten Ort zu wählen, von dem aus Sie den Blick über eine

Foto: Nebel über dem Stevens Canyon, Mount Rainier Nationalpark (USA).

weite Ebene schweifen lassen können. Die Luft wird Sie so mit Energie anfüllen, daß Sie glauben, zum König der Lüfte geworden zu sein. Mangelt es Ihnen an neuen Ideen oder Visionen, damit sich wieder etwas in Ihrem Leben bewegt, dann erhalten Sie von den Wolkengeistern Inspirationen. Wählen Sie für die entsprechende Übung einen Tag aus, an dem sich kraftvolle Wolkenbilder am Himmel zeigen. Wenn Sie sich von überkommenen Denkvorstellungen befreien wollen, sollten Sie die Sturmgeister um ihre Hilfe bitten.

Über allen Gipfeln ist Weisheit

Gelegentlich jagen wir so vielen Terminen hinterher, widmen uns gleichzeitig so vielen Aktivitäten, daß wir keinen klaren Gedanken mehr fassen können. Fehlentscheidungen stellen sich ein. Wir fühlen uns gestreßt und überlastet, leiden unter Kopfschmerzen und anderen Streßsymptomen. Unsere Gedanken kommen nicht zur Ruhe, wir werden nervös und fahrig.

In diesem Moment brauchen wir – obwohl wir eigentlich zuviel Luftenergie in uns haben – die klärende Kraft der Luftgeister. Am stärksten erfahren wir diese Kraft auf einem Bergipfel. Suchen Sie sich also nach Möglichkeit in Ihrer Umgebung einen Berg oder Hügel, den Sie leicht erreichen können, und auf dessen Gipfel Sie sich wohlfühlen. Wenn Sie keine Gelegenheit zu einem Ausflug in die Natur haben, dann wählen Sie eine der Fotografien in diesem Buch aus und führen Sie die folgende Übung in Ihrer Vorstellung durch.

Der beste Zeitpunkt für die Übung ist ein Tag, an dem es windig ist, und Sie nicht von zu vielen Spaziergängern gestört werden. Bitten Sie – wie bei allen Begegnungen mit den Naturwesen – die Energien des Ortes um Erlaubnis, sich dort niederlassen zu dürfen, und wenn Sie keine negativen Gefühle empfangen, dann bleiben Sie an diesem Platz, danken den Energien für die Gastfreundschaft und setzen sich dort nieder, wo Sie sich am wohlsten fühlen. Nehmen Sie aufmerksam Ihre Umgebung wahr, und beginnen Sie sich zu entspannen, indem Sie ein paarmal tief ein- und ausatmen. Spüren Sie dabei, wie der Wind bei jedem Einatmen frische Energie in Ihrem ganzen Körper verbreitet, und wie Sie bei jedem Ausatmen alle Sorgen und Gedanken loslassen.

Schließen Sie jetzt die Augen. Achten Sie darauf, wie die Luft Ihr Gesicht berührt. Hören Sie das Rauschen der Blätter im Wind. Riechen Sie den frischen Duft der Luft. Spüren Sie, wie der Wind und Ihr Atem eins werden.

Sie sind nun Teil des Luftelements. Lassen Sie bei jedem Ausatmen ganz bewußt alles los, was gedanklich in Ihnen vorgeht. Wenn es Ihnen hilft, und wenn Sie wollen, dann stellen Sie

*Die Gedanken
frei schweifen
lassen, sie eins wer-
den zu lassen mit
den vorüberziehen-
den Wolken, hilft
uns bei der Bewälti-
gung drängender
Alltagsprobleme.*

sich dabei vor, Ihr Kopf sei ein Haus, bei dem alle Fenster und
Türen weit offenstehen. Beobachten Sie, wie der Wind ins Haus
fährt und alles herausfegt, was nicht dorthin gehört. Sehen Sie
zu, wie er es fortträgt. Schon nach einigen Augenblicken werden
Sie sich leicht und frei fühlen.

Konzentrieren Sie sich dann auf das Einatmen. Spüren Sie, wie
Sie mit jedem Atemzug frische, klare Luft aufnehmen. Stellen Sie
sich vor, daß diese klare Frische von Ihrem Kopf aus durch Ihren
ganzen Körper strömt. Wenn Sie wollen, visualisieren Sie die Luft
als himmelblaue Energie. Sie füllen sich langsam mit dieser
Energie und lassen sie beim Ausatmen über Ihr Herz wieder in
die Umgebung verströmen. Bitten Sie das Luftelement oder die

Foto: Über den Wolken zu schweben, um sich aller belastenden Gedanken zu entledigen, oder sich vom Nebel besänftigend umhüllen zu lassen, sind zwei von vielen Möglichkeiten, mit Hilfe des Luftelementes das innere Gleichgewicht wiederzuerlangen.

Luftgeister um innere Klarheit. Bleiben Sie so lange in diesem Fließen, in dieser Erfahrung der Kraftaufnahme, wie Sie wollen. Wenn Sie wieder ins Hier und Jetzt zurückkehren möchten, dann danken Sie Vater Wind für seine Hilfe und öffnen langsam die Augen.

Nehmen Sie jetzt Ihre Umgebung mit wachem Bewußtsein wahr. Beobachten Sie genau, ob sich etwas verändert hat. Achten Sie besonders auf Luftzeichen wie Wolkenformationen, Vögel oder Schmetterlinge, und notieren Sie die Gedanken, die Ihnen dabei kommen. Vertrauen Sie Ihrer Intuition, die Ihnen genau sagt, was diese Zeichen der Natur symbolisch zu bedeuten haben. Genießen Sie die Frische und Klarheit, die Sie in sich spüren, und danken Sie der Luft für die Kraft und die Anregungen, die Sie empfangen durften. Bevor Sie gehen, verstreuen Sie als Dank noch etwas Mehl oder Tabak und gießen Sie Wasser auf die Erde. Wenn Sie die Übung öfter machen, werden Sie immer mehr das Gefühl haben, daß die Luftenergie oder die Luftgeister mit Ihnen tatsächlich kommunizieren. Danken Sie ihnen dafür.

Mit den Schwingen des Adlers

Luft entspricht in der Natur dem Verstand des Menschen. Beides bewegt, formt, kommuniziert mit den anderen Elementen. Ist der Energiefluß gestört, herrscht „schlechte Luft": Wir haben das Gefühl, nicht mehr frei atmen zu können, unser Verstand kann sich nicht mehr zu geistigen Höhenflügen aufschwingen. Wir kommen nicht mehr vom Boden der Realität weg, fühlen uns eingeengt und gefangen. Wir haben keine Kraft mehr, Neues entstehen zu lassen und Altes loszuwerden. Wir haben das Gefühl, man habe uns die Flügel gestutzt.

Sie werden noch Tage nach diesem Adlerflug die Kraft dieses Königs der Lüfte in sich spüren und können sie jederzeit aktivieren. Besonders, wenn Sie wieder einmal das Gefühl haben, keinen geistigen Schwung zu haben oder sich eingesperrt und eingeengt vorkommen, wird Ihnen die Erinnerung an die Energie des Adlers buchstäblich Flügel verleihen.

Wer diese Freiheit wiedererlangen will, dem empfehle ich, sich eine Anhöhe zu suchen, die einen weiten Blick auf eine Ebene, ein Tal oder einen See freigibt, oder eines der Bilder in diesem Buch auszuwählen, um so mit den Luftgeistern in Kontakt zu treten.

Setzen Sie sich bequem hin, nachdem Sie sichergestellt haben, daß Sie an Ihrem Platz auch erwünscht sind, und atmen Sie ein paarmal tief ein und aus. Betrachten Sie dabei die Landschaft um Sie herum, erfreuen Sie sich an deren Schönheit, und nehmen Sie Ihre Umgebung mit all Ihren Sinnen auf.

Schließen Sie dann Ihre Augen, und betrachten Sie diese Landschaft in Ihrer Vorstellung. Konzentrieren Sie sich für die nächsten Augenblicke ganz auf das Ausatmen: Lassen Sie mit jedem Atemzug alles los, was sich in Ihrem Kopf abspielt. Atmen Sie alle Gedanken und Sorgen aus und übergeben Sie sie dem Luftelement. Wenn Sie den Eindruck haben, leichter zu werden und sich wohl zu fühlen, dann richten Sie Ihre Aufmerksamkeit

auf das Einatmen: Spüren Sie die Luftenergie durch Ihren Kopf und dann durch Ihren ganzen Körper strömen. Das Gefühl der Leichtigkeit wird dabei noch stärker. Gleichzeitig fühlen Sie aber, wie sich eine kraftvolle Energie in Ihnen sammelt.

Stellen Sie sich jetzt vor, daß diese Kraft so stark wird, daß Sie es danach drängt, etwas damit zu tun. Sehen Sie sich selbst vor Ihrem inneren Auge auf der Anhöhe sitzen, und beobachten Sie, wie sich Ihre äußere Erscheinung langsam ändert, wie sich Ihr Körper in den eines Adlers wandelt. Spüren Sie die Kraft des Adlers in sich. Fühlen Sie, wie Sie langsam Ihre Schwingen auf- und abbewegen, und wie diese Bewegung immer kraftvoller

Foto: Lassen Sie alles los, was Sie bedrückt, und schwingen Sie sich auf zu grenzenloser geistiger Freiheit.

75

wird. Und plötzlich heben Sie vom Boden ab, breiten Ihre Flügel aus und beginnen zu schweben – langsam, majestätisch und voll innerer Ruhe. Sie gleiten über das weite Land unter sich. Sie fühlen sich frei und stark, weit entfernt von dem, was sich da unten alles abspielt. Genießen Sie es! Spüren Sie die Kraft, die in Ihnen steckt: Sie sind der Adler! Wenn Sie wollen, können Sie irgendwo landen und Abenteuer erleben. Sie können aber auch einfach schweben und gleiten und die Luft spüren, die Sie trägt. Sie spielen mit den Aufwinden und Turbulenzen, die Sie mal schnell und mal langsam werden lassen, Sie emporheben oder sinken lassen. Sie sind eins mit der Luft, die Sie umgibt.

Genießen Sie diesen Flug, solange Sie möchten. Und wenn Sie sich zur endgültigen Landung entscheiden, dann nehmen Sie ganz bewußt wahr, wie sich Ihr Körper, nachdem Sie sich wieder am Ausgangspunkt Ihres Ausflugs eingefunden haben, langsam wieder in den eines Menschen zurückverwandelt. Schlagen Sie Ihre Augen auf, und stellen Sie fest, daß sich die Kraft des Adlers immer noch in Ihnen befindet. Ihre Umgebung wird jetzt anders auf Sie wirken: farbenfroher, lebendiger und viel schöner, als Sie sie zuvor gesehen haben.

Achten Sie auf plötzliche Erscheinungen: Vögel, Wolkenbilder, Schmetterlinge und ähnliches. Fragen Sie die Energien der Luftgeister und des Adlers, was sie Ihnen mitteilen wollen. Danken Sie ihnen für das Erlebnis von innerer Stärke und Kraft, das Sie gerade erfahren durften.

In den Wolken schweben

Foto rechts: Haben Sie verlernt, sich über die Zwänge und Einschränkungen des täglichen Lebens gelegentlich hinwegzusetzen, um neue Zukunftsperspektiven zu entwickeln, dann hilft Ihnen diese Übung (Föhnwolken im Voralpenland).

Wir alle brauchen Visionen, Vorstellungen davon, wie wir unser Leben gestalten können, Ideen, welchen Weg wir einschlagen sollten, Inspirationen, wie wir unsere Arbeit mit neuen Inhalten füllen, Träume von einer besseren, glücklichen Zukunft. Oft sind wir jedoch von unserem Alltag mit seinen Pflichten und Aufgaben so vereinnahmt, daß wir keinen Zugang mehr zu solchen Eingebungen haben. Die Folge: Uns fehlt eine Perspektive im Leben, wir funktionieren nur noch, und das so lange, bis wir den

Sinn unserer Arbeit und manchmal sogar den Sinn unseres Daseins in Frage stellen. Wer gibt uns die nötigen Inspirationen? Nach Ansicht der Naturvölker hält die Erde mit ihren vier Elementen all das für uns bereit, was uns zu unserem inneren Gleichgewicht fehlt. Fehlt es uns an Visionen, dann zeigt dies zum Beispiel aus indianischer Sicht, daß wir nicht mit dem Luftelement verbunden sind. Die folgende Übung kann diesen Mangel ausgleichen.

Suchen Sie sich dazu einen ruhigen und abgeschiedenen Platz in der Natur, und wählen Sie einen Tag, an dem sich am Himmel viele Wolken zeigen. Wenn Sie keine Gelegenheit zu einem Ausflug in die freie Natur haben, dann wählen Sie einfach eine der Fotografien aus diesem Buch aus und führen Sie die folgende Übung in Ihrer Vorstellung durch.

Registrieren Sie alles, was Ihnen in den Sinn kommt. Beurteilen Sie es jedoch nicht mit Ihrem kritischen Verstand, der sich derlei „Einmischung von außen" natürlich verbittet.

Setzen Sie sich bequem hin, nachdem Sie die Energien des Platzes um Erlaubnis gebeten haben, bleiben zu dürfen. Während Sie langsam und tief ein- und ausatmen, lassen Sie die Umgebung auf sich wirken. Beobachten Sie die Wolken. Was sehen Sie? Ziehen sie rasch dahin oder ändern sie ihre Gestalt? Dabei entspannen Sie sich automatisch. Konzentrieren Sie sich dann auf die Energie der Wolken, indem Sie bei jedem Einatmen das Weiß des Gewölks in sich aufnehmen. Spüren Sie die Kraft und Frische, die darin steckt. Schließen Sie die Augen, und lassen Sie diese Energie durch Ihren ganzen Körper fließen. Bei jedem Ausatmen geben Sie diese Energie wieder an die Luft zurück. Dadurch werden Sie Teil des Kreislaufs. Spüren Sie, wie Sie eins mit dem Luftelement werden. Geben Sie sich diesem Gefühl für einige Minuten hin.

Öffnen Sie dann wieder langam Ihre Augen, und betrachten Sie jetzt die Wolkenfelder – und zwar so, wie es Kinder tun: Sehen Sie bestimmte Konfigurationen? Gesichter? Bilder? Bitten Sie die Luftgeister um Eingebungen! Nehmen Sie ernst, was Ihnen die Wolkengeister zu sagen haben. Notieren Sie Ihre Einfälle und Gefühle.

Am Ende sollten Sie wieder der Erde mit Tabak oder Mehl und Wasser danken und Ihren Platz so verlassen, wie Sie ihn vorgefunden haben. Seien Sie nicht frustriert, wenn Sie keine sofortige Eingebung erhalten haben, sondern lassen Sie zu, daß die Wolkengeister mit Ihnen auf dem Nachhauseweg, zu Hause oder noch Stunden und Tage später in Bildern, Phantasien und Träumen kommunizieren.

Im Sturm erneuern

Neben den verspielten Luft- und Wolkengeistern und dem kraftvollen Adler gibt es auch die wilden Sturmgeister, die Erneuerung und Umsturz bringen. Normalerweise haben wir vor diesen Stürmen so großen Respekt, daß wir uns nicht aus dem Haus wagen und Fenster und Türen fest verschließen. Für die folgende Übung sollten Sie diese natürliche Reaktion überwinden und gerade dann in die Natur gehen, wenn's richtig stürmt und braust.

Die Sturmwesen helfen Ihnen, sich von altem Denken und überholten Vorstellungen und Zielen zu befreien. Sie geben Ihnen immer dann den notwendigen Kick, wenn Sie etwas Neues beginnen wollen, aber noch zu sehr am Alten haften.

Wenn Sie einmal wirklich über Ihren eigenen Schatten springen und Ihre bisherigen Konzepte und Ideen in Frage stellen wollen, wenn Sie Energie und Kraft für neue Herausforderungen und Aufgaben benötigen, dann ist diese Übung genau die richtige.

Wählen Sie also einen stürmischen Tag, an dem Sie zu Ihrem Lieblingsplatz in der Natur gehen, oder stellen Sie sich einen solchen Tag mit Hilfe der hier abgedruckten Bilder vor. Danken Sie den Energien des Ortes für die Erlaubnis, dort verweilen zu dürfen, und setzen Sie sich bequem hin.

Schon während Sie ein paarmal tief ein- und ausatmen, spüren Sie die Kraft des Sturmes auf Ihrer Haut und an Ihrem Körper. Mit jedem Ausatmen reißt dieser starke Wind alles von Ihnen fort, was Sie ihm übergeben. Was wollen Sie los werden? Schließen Sie die Augen, und konzentrieren Sie sich auf diese Frage. Was immer Ihnen in den Sinn kommt: Vertrauen Sie es den Sturmgeistern an und lassen Sie es von ihnen forttragen – Punkt für Punkt. Vollziehen Sie diesen Vorgang langsam und ganz bewußt, denn was Sie jetzt „aussortieren", ist für immer fort. Danken Sie den Sturmenergien für jeden Gedanken, den sie von Ihnen nehmen. Spüren Sie dabei die belebende Leichtigkeit, die sich langsam einstellt. Denken Sie nicht daran, welche neuen Ideen

Foto: Haben Sie keine Angst vor den Luftgeistern, die sich in heftigen Stürmen zu erkennen geben. Sie verleihen Ihnen innere Stärke, indem sie alles mit sich fortreißen, das Sie als Ballast in sich tragen.

Sie haben sollten oder ob es richtig war, eine so radikale Entrümpelung vorzunehmen. Genießen Sie es einfach, den „alten Schrott" los zu werden.

Ich muß es noch einmal wiederholen: Nehmen Sie sich wirklich Zeit für diesen Reinigungsprozeß! Und nur, wenn Sie das Gefühl haben, sich von allem Belastenden befreit zu haben, dann danken Sie den Sturmgeistern und öffnen wieder langsam Ihre Augen. Vermutlich wird der Sturm für Sie nunmehr alle beängstigenden Aspekte verloren haben, und Sie werden in der Lage sein, seine eigenwillige Schönheit und Kraft bewundern zu können.

Genießen Sie den Anblick, der sich Ihnen bietet, und lassen Sie ihn auf sich wirken. Bevor Sie wieder nach Hause gehen, sollten Sie auch den Energien des Platzes danken.

Seien Sie nicht überrascht, wenn Sie nach dieser Übung den starken Drang verspüren, auf die Toilette zu gehen. Der Entsorgung „geistigen Mülls" folgt oft auch die körperliche!

Mit diesen vier Übungen wird es Ihnen gelingen, Ihr persönliches Luftelement, also Ihren Verstand, ins Gleichgewicht zu bringen. Sie wissen jetzt, wie Sie geistige Klarheit erreichen, mentale Energie tanken, Inspirationen erhalten und sich geistig reinigen können. Ob Sie dabei Sylphen, Wolken- und Sturmgeistern begegnen, hängt ganz von Ihrer Offenheit ab. Die Entspannung, die Sie dabei empfinden und die Achtung für das Luftelement, die sich bei diesen Übungen einstellt, sind die besten Voraussetzungen für einen Kontakt mit den Naturwesen. Wenn Sie die Übungen über einen längeren Zeitraum machen, werden Sie über kurz oder lang Dinge wahrnehmen, die mit dem rationalen Tagesbewußtsein nicht mehr erklärbar sind. Seien Sie offen dafür und lassen Sie es einfach zu!

Alle Empfindungen und Einstellungen zur Natur, die wir ausstrahlen, wirken auf uns selbst zurück. Tun Sie daher im Anschluß an diese Kraftaufladungen doch auch einmal etwas für das Lebenselement Luft:

Versöhnung mit dem Luftelement
Konzentrieren Sie sich auf das Verströmen statt auf das Aufnehmen von Energie. Atmen Sie Ihre Liebe und Verbundenheit für die Natur in die Luft aus, und bitten Sie das Luftelement um Vergebung für die Mißachtung, mit der wir es behandeln, für alle Vergiftungen, die wir ihm oft beigefügt haben.

Feuergeister

Energien von Sonne, Feuer und Vulkan

„Je näher wir der Natur sind,
desto näher fühlen wir uns der Gottheit."
Goethe, Claudine von Villa Bella

Foto: Die stärkste Kraftquelle unseres Lebens –
die Sonne. Ihr gleißendes Licht läßt das Firmament
in den leuchtenden Farben des Feuerelements
erstrahlen.

Das Feuerelement hat die Phantasie des Menschen schon immer beflügelt. Feuer ist das einzige Element, das der Mensch zu beherrschen glaubt, denn er kann es selbst entfachen und auch wieder löschen. Feuer spendet Wärme, aber verfügt gleichzeitig über eine große, zerstörerische Kraft. Kein Wunder also, daß die Menschen nahezu aller Kulturen dem Feuer ambivalente Gefühle entgegenbringen.

Die Schmiede in vielen Gesellschaften Afrikas sind ein Beispiel dafür: Ihr vertrauter Umgang mit der Naturgewalt Feuer, ihre Fähigkeit, seine Energien zu bändigen, um mit ihrer Hilfe sowohl nützliche und notwendige Werkzeuge als auch todbringende Waffen herzustellen, macht sie zu unberührbaren Außenseitern. Sie stehen mit der Geisterwelt in enger Verbindung, sind daher auch häufig Führer von Kultbünden und gelten als mit magischen Fähigkeiten ausgestattete Heiler und Wahrsager, denen man mit einer Mischung aus Mißtrauen und respektvoller Ehrfurcht begegnet.

Wie steht es mit Ihrer Freude am Leben? Ihrer Lust und Leidenschaft? Wollen Sie mehr Herz zeigen? Brauchen Sie spirituelle Orientierung? Dann sollten Sie sich mit Feuerenergie aufladen. Nutzen Sie die Kraft der Sonne und der Flammen!

Die Sonne, sichtbare Vertreterin des Elements Feuer, wurde und wird seit Hunderttausenden von Jahren als lichtbringende und wärmespendende Gottheit verehrt. Das zu rituellen Zwecken entfachte Feuer steht symbolisch für Reinigung und Erneuerung. In unserem Kulturkreis kennen wir bis heute die Tradition der Oster- und Sonnwendfeuer, in der sich die Erneuerung der Natur in Frühling und Sommer ausdrückt. Reinigenden Ritualen dient z. B. die indianische Schwitzhütte oder die zeremonielle Pfeife. Von einigen Schamanen wird berichtet, sie könnten sich mit dem Geist des Feuers vereinen, so daß ihnen die zerstörerische Wirkung dieses Elements nichts mehr anhaben könne. Das Feuerlaufen, bei dem Menschen, ohne Verbrennungen zu erleiden, über glühende Kohlen gehen, ist ein Beispiel für dieses Einswerden mit der Feuerenergie.

Bei soviel Ehrfurcht vor der Kraft des Feuers blieb es im Laufe der Geschichte natürlich nicht aus, daß die Menschen in den Erscheinungsformen des Feuers, in Flammen, offenem Feuer, Blitzen, Lichterscheinungen und Vulkanen, Geistwesen zu erkennen glaubten. In den Märchen und Sagen verschiedenster Völker tauchen sie als Salamander (nicht zu verwechseln mit den eidechsenartigen Tieren) und Drachen auf, die in den feurigen Zungen eines Brandes, im niederfahrenden Blitz, in Lichtspiegelungen und Vulkanausbrüchen sichtbar werden.

Daß dieser Glaube nicht so naiv ist, wie es auf den ersten Blick scheint, beweist die Physik. Feuer, Licht und Blitze laden in der Tat die Atmosphäre auf und beeinflussen den Menschen. Die Medizin weiß heute zum Beispiel, daß der Mensch krank wird, wenn ihm über einen längeren Zeitraum Sonnenlicht fehlt. Sonne und Licht stehen in direkter Beziehung zu Herz und Kreislauf, psychologisch gesehen zu Lebensfreude und Lebenslust. In den Ländern am Polarkreis, in denen es im Winter nur wenige Stunden am Tag hell ist, begehen mehr Menschen Selbstmord als anderswo. Gerade Menschen, die unter dem Einfluß des Feuerelements stehen, sollten regelmäßig in den sonnigen Süden reisen, um Sonnenenergie zu tanken.

Sie müssen nicht an die Existenz von Feuergeistern glauben, wenn Sie deren Energie erfahren möchten. Machen Sie einfach die folgenden Übungen, und beobachten Sie genau, was geschieht!

Um sich der Feuerenergie zu öffnen, führen Sie zunächst die nachfolgende Übung durch.

Führen Sie die folgenden Übungen besonders dann durch, wenn Sie sich „ausgebrannt" fühlen, spirituelle Orientierung suchen, sich mit Sexualkraft aufladen wollen und wenn Sie astrologisch ein Feuerzeichen (Widder, Löwe, Schütze) sind.

Grundübung: Mein Verhältnis zum Feuer

Gehen Sie an einem sonnigen Tag an einen Ort in der Natur, an dem Sie sich wohl und geborgen fühlen. Sie können auch zu Hause ein Feuer im offenen Kamin entfachen oder ganz einfach eine Kerze anzünden. Lassen Sie sich vom Anblick der lodernden Flammen gefangen nehmen, und entspannen Sie sich. Wenn Sie die Übung in der Natur durchführen, dann sollten Sie nie direkt in die Sonne blicken; es genügt, wenn Sie die Sonnenstrahlen auf Ihrer Haut spüren. Danken Sie der Feuerenergie für die wohltuende, entspannende Wärme, die Sie umgibt. Übergeben Sie ihr die Antworten zu den folgenden Fragen:

- *Bin ich mit mir selbst zufrieden? Was würde ich gerne ändern?*
- *Welche Attribute verbinde ich mit positiver Ausstrahlung?*
- *Mag ich die Farbe rot? Für welche Bereiche?*
- *Bin ich zu leidenschaftlichen Gefühlen fähig?*
- *Stehe ich gerne im Mittelpunkt?*
- *Fürchte ich mich vor Feuer?*
- *Welche Dinge tue ich gerne, welche nur halbherzig?*
- *Neige ich dazu, mich selbst zu überfordern?*
- *Wann habe ich mich das letzte Mal über etwas gefreut?*
- *Welche Rolle spielt Sex für mich?*
- *Ist mir Freundschaft wichtig?*
- *Bin ich gerne in der Sonne?*
- *Kann ich mich von Musik mitreißen lassen?*
- *Fühle ich mich geliebt?*
- *Betrachte ich es als Zeichen von Schwäche, meine Gefühle offen zu zeigen?*
- *Fühle ich mich häufig „ausgebrannt" und leer?*
- *Ist es mir peinlich ins Schwitzen zu kommen?*
- *Habe ich bei bestimmten Gelegenheiten Angst davor, mir „die Finger" zu verbrennen?*
- *Gehe ich Probleme mutig an oder drücke ich mich davor?*
- *Welche Gefühle bestimmen mein Verhältnis zu meinem Partner?*

Wenn Sie diese Fragen in Ruhe beantworten, werden Sie feststellen, auf was sich Ihre Leidenschaft konzentriert und was Sie „kalt läßt". Sie werden gemerkt haben, welche Fragen in Ihnen Gefühle erzeugt haben. Wenn Sie Ihr inneres Feuer im einen oder anderen Bereich stärken wollen, dann bitten Sie jetzt die Sonne oder die Flamme, vor der Sie sitzen, dieses Feuer in Ihnen zu entfachen. Konzentrieren Sie sich dabei auf die Gefühle, die in Ihnen aufsteigen: Sie sind Ausdruck Ihres tiefsten Inneren, Ihres Herzens und Ihres Feuers.

Spirituelle und emotionale Anregung durch die Energie des Feuers

Sie sollten die Hilfe des Feuerelements immer dann suchen – und auch annehmen –, wenn es um Lebensfreude, Leidenschaft, Liebe und Durchsetzungskraft geht. Die oben beschriebene Übung werden Sie vermutlich nur dann durchführen, wenn sich Grundlegendes in Ihrem Leben verändert hat. Im nachfolgenden will ich Ihnen zeigen, was Sie tun können, wenn Sie mehr Lebensenergie brauchen, Ihre Fähigkeit zu lieben erweitern oder Ihre Sexualkraft anregen möchten und wenn Sie spirituelle Orientierung suchen.

Der beste Spender von Lebensenergie ist die Sonne. Suchen Sie sich daher für die erste Übung einen sonnigen Platz in der Natur, der Sie besonders anzieht. Haben Sie den Eindruck, Sie müßten Ihre Gefühle und Ihre innere Wärme anregen, dann rate ich Ihnen, sich vor die Flamme einer Kerze zu setzen und ihre Energie in sich aufzunehmen. Wollen Sie Ihre Sexualkraft stimulieren, dann erhalten Sie vom offenen Feuer die stärksten Impulse. Wollen Sie sich spirituell öffnen, sollten Sie die Vulkangeister um Hilfe bitten. Ich zeige Ihnen in den nachfolgenden Übungen, wie Sie mit der heilenden Energie des Feuers in Kontakt treten können.

Ein Sonnengebet

Dynamik ist heute mehr gefragt denn je. Aber oft bringen wir diese Lebensenergie nicht auf, sondern fühlen uns aufgrund verschiedenster Ursachen saft- und kraftlos. Einhergehend mit diesem Leistungstief haben wir Kreislaufprobleme, manchmal sogar Herzrhythmusstörungen, unser Sexualleben ist beeinträchtigt, unsere Lebensfreude sinkt. Was uns in diesen Situationen fehlt, ist Feuerenergie. Wir brauchen Sonne. Nun ist es in unseren Breiten nicht immer ganz einfach, „einen Platz an der Sonne" zu finden. Es regnet ausdauernd, die Sonnentage sind rar und die Winter kalt und lang. Seien Sie trotzdem nicht entmutigt: Setzen

Sie sich zu Hause einfach vor eine eingeschaltete Lampe, und machen Sie die folgende Übung mit geschlossenen Augen. Eine andere Lösung: Sie betrachten eine der lichtdurchfluteten Fotografien in diesem Buch und stellen sich vor, Sie wären jetzt an diesem Ort.

Im Idealfall haben Sie einen sonnigen, nicht zu heißen Tag erwischt, und Ihren Lieblingsplatz in der Natur kennen Sie auch schon. Sie wissen, daß Sie dort von den Energien des Platzes jederzeit willkommen geheißen werden. Sollte dies nicht der Fall sein, dann folgen Sie Ihrem Gefühl und Ihrer Intuition, bis Sie die Stelle gefunden haben, die sich als „die richtige" anfühlt. Bitten Sie die Energien des Ortes um Erlaubnis bleiben zu dürfen, und wenn Sie keine negative Rückmeldung erhalten (innere Unruhe, plötzlich auftauchende Leute, unangenehmer Geruch oder andere Störungen), dann lassen Sie sich dort nieder.

Entspannen Sie sich mit einigen tiefen Atemzügen, während Sie die Schönheit der Natur bewundern, und schließen Sie – wann immer Sie sich innerlich dazu bereit fühlen – die Augen. Wenden Sie Ihr Gesicht jetzt der Sonne zu. Spüren Sie ihre Wärme. Durch die geschlossenen Lider sehen Sie die feuerroten Energieströme der Sonne (oder der Lampe, wenn Sie die Übung zu Hause machen). Konzentrieren Sie sich auf die Farben und die Bewegung dieser Ströme. Lassen Sie sie dann in sich einfließen, mit jedem Atemzug mehr und mehr, bis Ihr ganzer Körper von dieser warmen, roten Energie erfüllt ist. Der warme Strom durchpulst Ihren Körper und vereinigt sich mit Ihren eigenen Energien. Sie spüren wohlige Wärme in sich, alle Verspannungen lösen sich, Sie werden selbst zur Feuerenergie.

Achten Sie jetzt wieder auf die Feuerströme hinter Ihren geschlossenen Lidern: Erkennen Sie Figuren, Strukturen, Bilder? Steigen bestimmte Gefühle in Ihnen auf? Wenn ja, welche? In vielen Religionen wäre dies der Zeitpunkt, zu dem die Sonnengottheit oder der Feuergeist zu Ihnen spräche. Hören Sie ihm gut zu! Keine Angst, alle Hinweise, die Sie nun erhalten, werden auch im Wachbewußtsein noch für Sie präsent sein. Sie vergessen nichts.

Foto links: Genießen Sie den wundervollen Anblick, den Ihnen ein Sonnenuntergang bietet und tauchen Sie ein in die lichtdurchflutete Energie des Elementes Feuer.

Wenn Sie das Gefühl haben, langsam wieder ins Hier und Jetzt zurückkehren zu wollen, dann danken Sie der Feuerenergie für die Kraftaufladung und die Hilfe, die Sie gerade erfahren haben. Geben Sie ihr zum Dank einige tiefe Atemzüge zurück. Wenden Sie sich dann von der Sonne ab, und öffnen Sie wieder Ihre Augen.

Ich habe diese Übung häufig mit meiner Seminargruppe auf dem Bell Rock in Sedona, Arizona, durchgeführt und dabei die unterschiedlichsten Reaktionen beobachtet. Da gab es Teilnehmer, die völlig energiegeladen waren, andere, die lachten, wieder andere, die Freudentränen weinten, und einige hatten während der Übung konkrete Hinweise erhalten, wie sie ihre Energie stärken und auf einem hohen Niveau halten können. Ein paar Meditierende berichteten auch von fröhlichen Wesen, die sie gesehen und die ihnen ihren Beistand anboten hätten. Wir nannten diese Erscheinungen Feuergeister.

Nehmen Sie den Eindruck des Erlebten mit nach Hause, und wann immer Sie sich lust- und kraftlos fühlen, rufen Sie sich in Ihrer Vorstellung die Bilder dieses Tages zurück. Sie werden feststellen, daß Sie sich danach energiegeladener fühlen.

Licht in die Liebe bringen

Kerzenrituale sind fester Bestandteil der meisten Hexenzeremonien, die mit Liebe und Verzauberung zu tun haben. Die Flamme der Kerze gilt als Symbol für das flammende Herz. In ihr tanzen die Feuergeister, schlagen den Betrachter in ihren Bann und wecken seine Sehnsucht. Aber Sie müssen sich keiner Hexe anvertrauen, wenn Sie die Energie der Kerze erfahren möchten. Machen Sie einfach die folgende Übung, und öffnen Sie Ihr Herz für das sanfte Licht.

Stellen Sie sicher, daß Sie nicht gestört werden können – also: Anrufbeantworter anschalten oder Telefon ausstecken! Stellen Sie Ihre Lieblingskerze an einen Platz in Ihrer Wohnung, an dem Sie sich wohl und behaglich fühlen. Setzen Sie sich bequem hin, und zünden Sie die Kerze an. Atmen Sie ein paarmal tief ein und

aus, und betrachten Sie dabei die Flamme. Lassen Sie jetzt ganz bewußt Ihren Blick leicht verschwimmen, so daß Sie nur noch die Flamme der Kerze wahrnehmen. Lassen Sie ihren Schein bewußt auf sich wirken, und stellen Sie sich vor, wie dieses Licht langsam durch Ihren ganzen Körper wandert. Wenn Sie die sanfte Energie in sich fühlen, lenken Sie Ihre Aufmerksamkeit langsam auf Ihr Herz. Nehmen Sie bewußt wahr, wie die Flamme der Kerze Ihr Herz erwärmt und erfüllt. Spüren Sie, wie Ihnen warm ums Herz wird.

Genießen Sie das atemberaubende Naturschauspiel eines Gewitters aus sicherer Distanz und geben Sie sich der befreienden Wirkung der gewaltigen Energieentladungen hin.

Stellen Sie sich vor Ihrem geistigen Auge den Menschen vor, dem Sie Ihre Liebe schenken möchten. Nehmen Sie ihn in Ihr Herz auf und lassen Sie ihn ebenfalls an der Feuerenergie der Kerze teilhaben, so daß Sie beide und die Kerze eine Verbindung eingehen. Bitten Sie die Flamme, Licht in Ihre beiden Herzen zu bringen und sie mit Wärme und Liebe zu füllen.

Lassen Sie dann das Bild Ihres Partners wieder verschwinden, und konzentrieren Sie sich erneut auf den Schein der Kerze. Fragen Sie sie, ob sie noch Botschaften für Sie hat. Achten Sie jetzt genau auf das Flackern: Erkennen Sie darin Bilder, Gesichter oder Figuren? Regen sich bestimmte Gefühle in Ihnen? Lassen Sie alle Gedanken und Stimmungen zu, die in Ihnen aufsteigen.

Wenn Sie ins Tagesbewußtsein zurückkehren wollen, dann schärfen Sie wieder Ihren Blick. Nehmen Sie jetzt auch wieder die Umgebung Ihres Zimmers deutlich wahr. Danken Sie der Feuerenergie, und kehren Sie mit ein paar tiefen Atemzügen wieder ganz in den wachen Bewußtseinszustand zurück. Möglicherweise empfangen Sie nach dieser Übung noch Gefühle, Bilder oder Ahnungen, die Ihnen auch nachts im Traum erscheinen können und die ebenfalls mit der von Ihnen geliebten Person zu tun haben.

Foto rechts: Wer hat es nicht schon einmal selbst erfahren, welche geradezu hypnotische Wirkung die tanzenden Flammen eines Feuers haben können. Sie sind ein ideales Medium, um mit dem Feuerelement in Verbindung zu treten.

Im Feuer der Leidenschaft

Offenes Feuer hat eine erotische Wirkung. Wer zusammen vor dem Feuer sitzt, den verbindet – ohne daß wir genau wissen warum – ein tiefes Band. Schamanen und Medizinmänner aller Kulturen machten und machen sich diese Erfahrung bei Ritualen und Zeremonien zunutze. Die Naturvölker sagen, im Feuer tanzen die Geister, und wer einmal das wilde Flackern eines offenen Feuers beobachtete, der kann diese Glaubensvorstellungen durchaus nachvollziehen. Unsere Sprache verrät sich hier ebenfalls: Wir sind für etwas „Feuer und Flamme", wenn wir wirklich

begeistert sind, oder es läßt uns etwas „völlig kalt", es interessiert uns nicht. Feuer ist Leidenschaft: Wenn wir verliebt sind, haben wir „Feuer gefangen", und man sagt: „Wer mit der Liebe spielt, der spielt mit dem Feuer". Wem dieses Feuer fehlt, der lebt nur „halbherzig".

Wenn Ihnen Begeisterung und Leidenschaft abhanden gekommen sind, dann können Sie das Feuer bitten, Sie wieder zu entflammen. Wählen Sie dazu am besten einen warmen Abend in der freien Natur oder einen kalten Abend vor dem offenen Kamin. Achten Sie darauf, daß die Feuerstelle gut abgesichert ist. Sie sollten während der Übung keine Angst haben müssen, daß Ihre Umgebung Feuer fängt.

Machen Sie bereits die Vorbereitungen zu einer festlichen Zeremonie: Das Zurechtsägen und Hacken des Holzes, das Aufschichten der Scheite, das Entzünden. Richten Sie Ihre ungeteilte Aufmerksamkeit auf das Lodern der ersten Flammen. Beobachten Sie, wie das Holz Feuer fängt, hören Sie das Knacken und Knistern, riechen Sie den Duft des brennenden Holzes. Während Sie Ihre Sinne voll auf das Feuer richten, entspannen Sie sich ganz automatisch. Betrachten Sie die Flammen, spüren Sie ihre wilde Energie. Konzentrieren Sie sich ganz auf das Schauspiel dieser Kraft.

Nehmen Sie dann mit Ihren Augen diese Energie in sich auf. Sie sind äußerlich ruhig und völlig entspannt, aber in Ihrem Inneren züngeln erste Flammen empor. Spüren Sie die davon ausgehende Erregung auf Ihrer Haut und lassen Sie zu, daß eine Welle von Wärme Ihren ganzen Körper durchflutet. Möglicherweise stellen sich nach einer Weile sexuelle Empfindungen ein; vielleicht sehen Sie sogar erotische Bilder. Geben Sie sich diesem Gefühl ruhig hin, aber lassen Sie das Bild der Flammen nie aus den Augen. Das Feuer, das Sie vor sich sehen, lodert jetzt in Ihnen. Bitten Sie die Feuerenergie, in Ihnen zu verweilen und Sie mit Leidenschaft zu erfüllen.

Beobachten Sie die Flammen genau. Registrieren Sie alles, was von einem normalen, ebenmäßig brennenden Feuer abweicht. Wenn Sie Figuren sehen oder Ihnen Wesen erscheinen, dann fragen Sie nach dem Grund ihres Auftauchens. Lassen Sie zu, daß die Feuergeister – auf welche Art auch immer – mit Ihnen kommunizieren.

Wenn Sie den Eindruck haben, wieder zum Alltagsgeschehen zurückkehren zu wollen, dann danken Sie der Feuerenergie und beschließen Sie den Abend feierlich mit einem Glas Champagner oder Wein. Sollten Sie die Übung gemeinsam mit Ihrem Partner oder Ihrer Partnerin durchgeführt haben, dann wird Ihnen die neu gewonnene Leidenschaft diesen Abend für immer unvergeßlich werden lassen.

Der Tanz auf dem Vulkan

Das Feuer ist nicht nur die Energie, die Lebenslust und Leidenschaft anregt, sondern auch unsere Spiritualität weckt. Früher oder später spürt jeder Mensch den Wunsch, mit dem Geist *(spiritus),* der hinter allem steht, Kontakt aufzunehmen. Die materielle Welt, Geld, Erfolg und Wohlstand befriedigt uns dann nicht mehr. Wir haben das Gefühl, daß da noch mehr sein muß, daß es etwas gibt, das die Welt „im Innersten zusammenhält", wie Goethe sagt. Meist haben wir zu dem Zeitpunkt, an dem dieses Bedürfnis nach geistiger Orientierung in uns entsteht, das starre Schema der etablierten Religionen bereits hinter uns gelassen. Was uns dann interessiert, sind nicht die vorgegebenen oder vorgeschriebenen Gottesbilder und Dogmen, sondern die spirituelle persönliche Erfahrung. Doch wie treten wir mit dieser ungreifbaren, unfaßbaren Kraft in Verbindung? In den christlichen Religionen gibt es das Gebet, andere Religionsgemeinschaften kennen besondere Versenkungstechniken und Meditationen, die bei einigen Naturvölkern eine Rückkoppelung an die vier Elemente bewirken. Nach ihren Glaubensvorstellungen wohnt der Geist in allen Erscheinungen der Natur. Besonders das Element des Feuers, das tief aus dem Erdinneren kommt, drückt die Anwesenheit und die Kraft des Weltengeistes am stärksten aus. Schamanen suchten daher vor allem die Nähe von Vulkanen, um die Energie des Feuers zu beschwören.

Schamanen nutzen seit altersher die Kraft des Feuers für Rituale der Reinigung, zur spirituellen und geistigen Erneuerung

95

Wer wissen möchte, ob er die für diese spirituelle Erfahrung nötige Offenheit besitzt, sollte eine Reise auf sich nehmen. Vulkane treten an den „Nahtstellen" der Erde auf, dort wo die tektonischen Platten der Kontinente aufeinandertreffen. Die Region mit den aktivsten Vulkanen liegt an den amerikanischen und asiatischen Ufern des Pazifik im sogenannten „Ring des Feuers". Nicht ganz so weit müssen Sie reisen, wenn Sie das mit Vulkanen übersäte Island besuchen wollen. Auch dort, wo die großen Kontinentalplatten untereinander abtauchen, den sogenannten Subduktionszonen, gibt es Vulkane, so zum Beispiel bei den Kanarischen Inseln (Lanzarote, Teneriffa), im südlichen Mittelmeer von Süditalien (Vesuv, Ätna, die Liparischen Inseln Stromboli und Vulcano) über Griechenland (Santorini) bis in die Südtürkei. In unserer Nähe gibt es nur zwei Vulkane: den mit dem Laacher See bedeckten Krater in der Eifel und den erloschenen Vulkan Chaine des Puys in Frankreich.

Falls Sie nicht verreisen können, die folgende Übung aber dennoch durchführen wollen, werden Sie auf eines der Bilder in diesem Buch zurückgreifen müssen. Falls Sie jedoch bemerken sollten, daß Sie darauf ansprechen, empfehle ich Ihnen, für Ihre nächste Urlaubsreise einen Vulkanbesteigung einzuplanen.

Aber jetzt zur Übung. Setzen Sie sich bequem auf einen sonnigen Platz oder bei sich zu Hause dorthin, wo Sie sich wohl und behaglich fühlen. Entspannen Sie sich mit ein paar tiefen Atemzügen, lassen Sie das Vulkanbild auf sich wirken, und schließen Sie die Augen. Visualisieren Sie, wie sich die Szenerie um Sie herum verändert. Sie sitzen am Fuße eines großen Vulkans. Die Erde um Sie herum ist verbrannt und schwarz, aus den Rissen in der Erde steigt Dampf auf. Sie fühlen sich wohl in den wärmenden Strahlen der Sonne und nehmen ihre Energie mit jedem Einatmen auf. Plötzlich beginnt die Erde zu zittern, und Sie hören ein leises Grollen. Der Berggipfel hüllt sich ein in Rauch und Dampf, und Sie beobachten, wie Fahnen lodernden Feuers aus dem Vulkankrater aufsteigen. Sie verspüren keine Angst. Sie wissen, daß Sie beschützt werden. Freudige Erregung steigt in Ihnen auf, und Sie erfreuen sich an den leuchtenden Farben des

Foto links: In einer riesigen Fontäne aus glühendem Gestein drängt die gewaltige Feuerenergie des Vulkans an die Erdoberfläche (Vulkanausbruch auf Hawaii).

Wo sonst könnte man die Energie der Naturelemente in ihrem Zusammenspiel besser erfassen, als bei der Beobachtung eines der beeindruckendsten Naturschauspiele überhaupt: eines Vulkanausbruchs.

Schauspiels. Und wieder bebt die Erde. Mit sanft zischendem Geräusch steigt Dampf aus Erdrissen und Felsspalten auf. Sie beobachten, wie diese Dampfschwaden sich drehen und winden und aus allen Richtungen auf Sie zutanzen, bis dieser Nebel Sie schließlich umhüllt wie weiche Watte. Er dreht und wendet sich, wirbelt um Sie herum, spielt mit Ihnen. Sehen Sie Gesichter oder Figuren im tanzenden Dampf? Reden Sie mit ihnen, nehmen Sie Kontakt auf! Fragen Sie sie, ob sie Ihnen Orientierung geben können. Bitten Sie sie um eine Begegnung mit Ihrem Schutzgeist.

Foto: Eine einzigartige Verbindung der Elemente Feuer, Luft, Wasser und Erde: Glühende Gesteinsbrocken, eingehüllt in Rauch und Wasserdampf (Lavastrom nach einem Vulkanausbruch auf Hawaii).

Nehmen Sie alles wahr, was um Sie herum geschieht. Tritt eine Vertrauen einflößende Gestalt auf? Was tut sie? Was sagt sie? Was möchten Sie ihr sagen? Folgen Sie einfach Ihrem Gefühl. Irgendwann wird dann der Nebel wieder verfliegen. Sie sehen die verkohlte und versengte Erde um sich herum und weit oben den Vulkan. Danken Sie ihm und seinen Feuergeistern für diese Erfahrung, und kehren Sie dann langsam ins Hier und Jetzt zurück. Bleiben Sie aber aufmerksam, auch nachdem Sie Ihre Augen wieder geöffnet haben, und achten Sie auf alles, was um Sie

herum geschieht. Ihre Begegnung mit Ihrem Schutzgeist, mit Ihrem spirituellen Selbst ist noch lange nicht zu Ende. Sie wird Sie noch nach Tagen beschäftigen. Nehmen Sie sich die Zeit dazu!

Mit diesen vier Übungen können Sie die Feuerenergie anrufen, wenn Sie Unterstützung für mehr Lebensenergie, Liebesbereitschaft, sexuelle Leidenschaft oder spirituelle Orientierung suchen. An einem sonnigen Platz in der Natur, vor der Flamme einer Kerze, am offenen Feuer oder am Fuße eines Vulkans finden Sie die besten Voraussetzungen dafür vor. Ob Sie dabei die Anwesenheit von Feuergeistern wahrnehmen, hängt nicht zuletzt von Ihrer Vorurteilslosigkeit ab. Seien Sie einfach bereit, Außergewöhnliches zu erleben.

Nachdem Sie mittels dieser Kraftaufladungen Ihr inneres Feuer wieder gestärkt haben, sollten Sie einen Teil dieser gewonnenen Energie zurückgeben, um sich – stellvertretend für uns alle – mit dem Feuerelement auszusöhnen:

Versöhnung mit dem Feuerelement

Konzentrieren Sie sich auf das Verströmen statt auf das Aufnehmen von Energie. Geben Sie Ihre Liebe und Wärme in die Atmosphäre zurück, und bitten Sie das Feuerelement um Vergebung für das überheizte Energiefeld der Erde und den Energiemißbrauch, den wir betreiben.

*Foto links:
Flüssige Lava
verglüht hoch auf-
schäumend in leuch-
tenden Feuerbällen.*

Blumen- und Baumgeister

Energien der Pflanzen

*„O, große Kräfte sind's, weiß man sie recht zu pflegen,
die Pflanzen, Kräuter, Stein' in ihrem Innern hegen."*

Shakespeare, Romeo und Julia

*Foto: Grüne Landschaften, über die man das Auge
frei schweifen lassen kann, sind gleichermaßen
erholsam für Körper, Geist und Seele.*

Wenn wir uns hier im letzten Kapitel mit den Blumen- und Baumgeistern beschäftigen, dann müssen wir gar nicht so weit zurückgehen, um in der Märchen- und Sagenwelt unserer Vorfahren nach Indizien für das Wirken dieser Elementarkräfte zu suchen. Quasi vor unserer Haustüre begann 1962 ein Feldversuch, der seitdem Wissenschaftler aus aller Welt vor ein Rätsel stellt. Vor 36 Jahren nämlich fanden sich an der kalten, windgebeutelten Nordküste Schottlands einige „Aussteiger" zusammen, gründeten eine Gemeinschaft namens Findhorn und legten einen Garten an, der die Öffentlichkeit in Erstaunen versetzte: In dem kargen Sandboden wuchsen plötzlich Kohlköpfe heran, die bis zu zwanzig Kilogramm wogen, Broccoli, die dreißig Kilogramm schwer wurden, zweieinhalb Meter hohe Ritterspornpflanzen und großwüchsige Blumen aller Arten. Dorothy MacLean, die neben Peter und Eileen Caddy den Zaubergarten angelegt hatten, erklärt das Wunder von Findhorn so: „Die Kräfte der Natur sind etwas, in das man sich hineinfühlen muß ... in die Sonne, den Mond, das Meer, die Bäume, sogar das Gras ... Ihr sollt euren Garten in echter Zusammenarbeit anlegen – denkt dabei auch an die Naturwesen."

Sie möchten sich verändern, aber Ihnen fehlt der Antrieb dazu? Sie brauchen innere Ruhe? Sie möchten neue Ziele finden? Verbinden Sie sich mit der Energie der Pflanzen und füllen Sie sich mit ihrer sanften Kraft!

Dorothy MacLean konzentrierte sich vor allem auf diesen letzten Punkt. Nach ihrer eigenen Aussage bat sie Pflanzen- und Landschaftsgeister um Rat und Hilfe beim Anbau und erhielt konkrete Anweisungen zum Pflanzen, Kompostieren, Bewässern und Ernten. Das Ergebnis dieser Zusammenarbeit zwischen den Welten: In Findhorn wuchsen und gediehen 65 Gemüsearten, 42 Kräutersorten und 21 Obstarten.

Zehn Jahre nach Findhorn horchte die Wissenschaft erneut auf: Die Autoren Peter Tompkins und Christopher Bird belegten in ihrem Buch „Das geheime Leben der Pflanzen", daß zwischen Mensch und Pflanze emotionale Beziehungen bestehen. In Versuchsreihen fanden sie heraus, daß Pflanzen auf die Gefühle der Menschen in ihrer Umgebung reagieren wie ein Seismograph auf die Bewegungen der Erde. Für die Naturvölker sind diese Erkenntnisse keine Neuheit. Der Stamm der Hopi-Indianer in Arizona zum Beispiel hat trotz der Kargheit des Mesa-Bodens seit

Jahrhunderten dort Mais angebaut. Die Hopi sprechen mit den Pflanzen, beten für sie, singen und tanzen mit ihnen und berühren sie.

In unserer Kultur gibt es eine lange Tradition der Verbindung mit den Baumgeistern. So wurde früher in bestimmten Gegenden der Baum als Heiler angesehen: Wurde ein Mensch krank, dann hängte man Stücke seiner Kleidung an einen kräftigen Baum. Nahm man sie Wochen später wieder von den Ästen ab, war der Mensch von seiner Krankheit befreit. Auf Zypern findet man noch heute die sogenannten Fieberbäume, die über und über mit Tüchern und Kleidungsstücken behängt sind. Die Einheimischen glauben, daß diese Stoffteile die Schwingung der kranken Menschen in sich tragen und der Baum mit seiner Heilkraft auf die Gesundung der Hilfesuchenden einwirkt.

In vielen Kulturen galt der Baum als Symbol der Fruchtbarkeit und als Mittler zwischen den Welten: Seine Wurzeln verbinden ihn mit der Erde und seine Äste reichen in den Himmel. Als „Baum des Wissens" oder „der Erkenntnis" und als „Baum des Lebens" hat er einen festen Platz in der mythischen und religiösen Weltanschauung vieler Völker. In der griechischen Sagenwelt hing das Goldene Vlies an einem Baum. Das christliche Kreuz ist aus einem Baum gezimmert. Buddha wurde erleuchtet, als er unter einem Baum saß. Der germanische Gott Odin hing neun Tage und Nächte am Weltenbaum Yggdrasil, um zu höherer Weisheit zu gelangen. Und die keltischen Druiden schrieben den verschiedenen Bäumen unterschiedliche Energien zu. Deutschland, das Land der Wälder, hatte schon seit jeher eine tiefe, mystische Beziehung zum Baum, was sich in zahlreichen Sagen und Märchen von Baumgeistern niedergeschlagen hat. Haben wir das heute wirklich alles vergessen? Ich glaube nicht. In keinem anderen Land wurde eine so hitzige Debatte um das durch Luftverschmutzung und sauren Regen ausgelöste Waldsterben geführt.

Wenn von Pflanzen, Blumen und Bäumen die Rede ist, dann taucht in jüngster Zeit auch ein Name auf, der zum Inbegriff einer neuen Therapieform wurde: Dr. Edward Bach. Der englische Arzt behauptete, daß jede Blütenessenz von Blumen, Sträuchern oder Bäumen eine spezifische Schwingungsfrequenz besitzt, die einem bestimmten Gemütszustand eines Menschen entspricht. Nimmt ein Kranker die passende Essenz ein, dann verändert sich seine Schwingung, und dadurch werden seelische Disharmonien, nach Bach Ursache vieler Krankheiten, behoben. Dr. Bach hat diese Erkenntnis nach eigener Aussage von den Pflanzengeistern erhalten, auf die er in Wales auf der Suche nach verborgenem druidischen Wissen gestoßen war. Mit Bachblüten, glaubte der inzwischen verstorbene Arzt, haben wir Anteil an der Energie der Pflanzengeister.

Blumen sind überhaupt ein guter Einstieg in die Welt der Naturgeister, denn sie sind mit ihrem Formenreichtum, ihrer Farbenpracht und ihrem Duft für viele von uns sichtbarer Ausdruck der Schönheit der Natur. Frauen scheinen besonders leicht Zugang zu dieser verzauberten Welt zu finden und nicht wenige Liebhaber/innen von Zimmerpflanzen, die für ihren „grünen Daumen" bewundert werden, bekennen, daß sie mit ihren Pfleglingen sprechen, um so ihr Gedeihen zu fördern. Blumen haben eine friedliche, geradezu zarte Energie und sprechen durch ihre Vielfalt die verschiedensten Geschmäcker und Vorlieben an.

Nehmen Sie Kontakt auf zu den Energien derjenigen Blüten, die Ihnen am besten gefallen.

Noch ein Wort zu den Kraftorten: Für die Suche nach Plätzen, an denen Sie Kontakt zu den Geistern der vier Elemente aufnehmen wollen, hatte ich Ihnen empfohlen, dorthin zu gehen, wo der Mensch möglichst wenig in die natürliche Umgebung eingegriffen hat. Dies rate ich Ihnen auch, wenn Sie den Energien der Blumen, Blüten, Bäume und Pflanzen begegnen wollen. Natürlich können Sie auch, vor einem gekauften Blumenstrauß sitzend, versuchen, mit den Blumengeistern zu kommunizieren. Das dürfte Ihnen jedoch bedeutend schwerer fallen, als wenn Sie es auf einer bunten Sommerwiese versuchen, in der freien, von unbändigem Leben erfüllten Natur.

Bevor ich darauf näher eingehe, möchte ich Sie bitten, zu einem Ihrer Lieblingsorte in der Natur zu gehen, sich zu entspannen und dann die folgende Übung durchzuführen.

Grundübung: Mein Verhältnis zur Pflanzenwelt

Wenn Sie an Ihrem Lieblingsplatz angekommen sind – er sollte in der Nähe von Bäumen oder auf einer wilden, also unkultivierten Wiese sein –, dann danken Sie den Energien dieses Ortes dafür, daß Sie hier sein dürfen. Wenn Sie die Übung zu Hause vor einem Landschaftsfoto aus diesem Buch durchführen, dann stellen Sie sich vor, Sie seien in der Natur. Auch eine rein geistige Verbindung kann sehr stark sein.

Betrachten Sie die Landschaft um Sie herum in all ihrer Schönheit und bringen Sie Ihre Freude darüber zum Ausdruck, indem

Bluten und Blumen strahlen eine friedliche, sanfte Energie aus, die eine beruhigende Wirkung auf uns ausübt (Foto: Magnolienblüten).

107

Sie die Erde oder die Pflanze, zu der Sie sich hingezogen fühlen, sanft berühren oder lehnen Sie sich an einen Baumstamm an. Sie nehmen „Fühlung" auf. Das bedeutet nicht nur, daß Sie die Pflanzen oder die Erde anfassen, sondern daß Sie mit Ihnen über Ihr Gefühl den Kontakt mit ihnen herstellen! Wenn Sie die Energie auf sich übergehen spüren, dann ist es an der Zeit, daß Sie sich folgende Fragen vorlegen:

- *Habe ich Talente, die ich nicht nutze?*
- *Halte ich mich gerne in freier Natur auf?*
- *Kümmere ich mich gerne um andere?*
- *Fällt es mir schwer, kranke Zimmerpflanzen wegzuwerfen?*
- *Habe ich eine übertrieben große Angst vor Krankheiten?*
- *Würde ich gerne einmal durch einen Dschungel wandern?*
- *Mag ich die Farbe grün? Für welche Bereiche?*
- *Stehe ich Veränderungen meines Lebensumfeldes prinzipiell positiv oder negativ gegenüber?*
- *Stimmt mich der Herbst melancholisch?*
- *Fühle ich mich zu alt, um bestimmte Dinge zu verändern?*
- *Kann ich mit Kindern umgehen?*
- *Welche Träume würde ich gerne erfüllt sehen? Was tue ich dafür?*
- *Esse ich gerne Salate? Obst? Gemüse?*
- *Erinnere ich mich gerne an meine Kindheit?*
- *Werde ich gelegentlich von meinen Mitmenschen unterschätzt?*
- *Schmiede ich gerne Zukunftspläne?*
- *Was bedeutet Erfolg für mich?*
- *Habe ich mich während der letzten 10 Jahre verändert? Inwiefern?*
- *Fehlt es mir gelegentlich an Elan und Durchhalte-vermögen?*
- *Was erhoffe ich mir für meine Zukunft?*

Sie werden bemerken, daß viele dieser Fragen um das Thema kreisen: „Wie habe ich mich entwickelt und wie werde ich mich entwickeln?" Lenken Sie daher immer wieder einmal Ihre Gedanken auf die Pflanze, mit der Sie Verbindung aufgenommen haben. Was können Sie von Ihr erfahren und lernen? Wie wächst die Pflanze? Langsam oder schnell? Ebenmäßig? Wie tief sind ihre Wurzeln? Übertragen Sie die gewonnenen Erkenntnisse auf Ihr Leben und Ihre Fragen. Am Ende dieser vermutlich langen Sitzung werden Sie wissen, welche Bedeutung die Pflanzenenergien für Ihr Leben und seine Gestaltung haben, möglicherweise auch, warum Sie sich für diese Grundübung genau diese Pflanze ausgesucht haben und keine andere.

Wachsen und erblühen durch die Energie der Pflanzen

Die Pflanzenenergie ist Ihr Beistand, wenn es um Ihr inneres Wachsen geht, wenn Sie Kraft brauchen, sich verändern oder Träume verwirklichen wollen. Die Grundübung werden Sie wahrscheinlich nur dann durchführen, wenn es dazu einen Anlaß gibt, zum Beispiel weil sich Ihre Lebensumstände gegenüber der letzten „Bestandsaufnahme" sehr verändert haben. In den nachfolgenden Übungen zeige ich Ihnen, wie Sie sich mit der sanften Kraft der Pflanzen immer dann aufladen können, wenn Sie die Energie „zu wachsen" brauchen.

Begegnung mit der Blumenfee

Blumen sind lebendige Symbole für Wachstum und Lebensfreude, mit denen wir gerne unsere Wohnungen schmücken. Sie verdienen es aber auch dort, wo sie wachsen, in ihrer Schönheit bewundert zu werden, ohne gepflückt zu werden. Unter Umständen müssen Sie einen weiten Weg auf sich nehmen, um eine besonders seltene Art in der freien Natur bewundern zu können. Aber auch auf einer Wiese, gelegentlich auch unbeachtet am

Auch die eher unscheinbar wirkenden Blumen am Wegesrand verfügen über die kostbare Pflanzenenergie, mit der Sie sich aufladen können (Foto: Margeritenblüten).

Wegesrand, wachsen Blumen, die Sie bei näherer Betrachtung schön und anziehend finden werden. Wenn Sie keine Gelegenheit haben, nach draußen zu gehen, dann können Sie die folgende Übung auch vor einem Blumenfoto oder einer Zimmerpflanze durchführen

Wenn Sie Ihren Lieblingsplatz gefunden haben, dann bitten Sie die Energien des Ortes um Erlaubnis, sich niederzulassen zu dürfen. Achten Sie darauf, daß Sie die Stelle so unberührt wie nur möglich lassen. Spüren Sie das weiche Gras, auf dem Sie sitzen. Atmen Sie die frische, klare Luft ein. Lassen Sie sich von den Düften der Natur berauschen, und lauschen Sie den Geräuschen, die sich um Sie herum regen. Lassen Sie die Schönheit des Ortes auf sich wirken.

Wählen Sie nach Ihrem Gefühl eine Blume aus, und nehmen Sie sich Zeit, sie genau zu betrachten. Vertiefen Sie sich in ihre Form und Farbe, machen Sie sich vertraut mit dem Wuchs ihres Stengels, ihrer Blätter und ihrer Blüte. Berühren Sie sanft die Blütenblätter. Wie fühlen sie sich an? Nehmen Sie ihren Duft in sich auf. Schenken Sie der Blume Ihre Zuneigung. Mit jedem Atemzug werden Sie bemerken, daß die Verbindung zwischen der Blume und Ihrem Gefühl stärker wird. Bitten Sie jetzt die Blume, Ihnen bei Ihrem Wachsen zu helfen. Betrachten Sie sie dabei ganz genau: Gibt Ihnen ihre äußere Form Hinweise? Ihre Schönheit? Ihre Art zu wachsen? Sehen Sie genau hin! Nehmen Sie alle Eindrücke in sich auf.

Atmen Sie jetzt ein paarmal ganz bewußt tief ein und aus, und geben Sie Ihre Wärme, Liebe und Energie an die Blume ab. Konzentrieren Sie sich ganz auf das Geben. Und dann betrachten Sie Ihre Blume wieder genau: Was hat sich an ihr verändert? Was will sie Ihnen damit sagen? Sprechen Sie mit ihr (das müssen Sie nicht laut tun, es genügt, wenn ein innerer Dialog stattfindet). Danken Sie ihr, daß sie ihre Energie mit Ihnen teilt. Spüren Sie diese Energie, indem Sie ganz bewußt ein paarmal beim Einatmen die Energie der Blume aufnehmen.

Lassen Sie dann Ihrem Gefühl freien Lauf, und spüren Sie, wie sich dieser prickelnde Energiekreislauf zwischen Ihnen und der Blume sanft entfaltet. Besonders sensitive Menschen nehmen in diesem Moment sogar die Anwesenheit von fröhlichen und farbenfrohen Wesen wahr. Was Sie auch immer erfahren, geben Sie sich diesem warmen, anregenden Gefühl ganz hin.

Wenn Sie sich von der Blume verabschieden wollen, danken Sie ihr für dieses Erlebnis, begießen Sie die Pflanze mit etwas Wasser und danken Sie auch den übrigen Elementarenergien des Platzes, an dem Sie sich aufhalten. Achten Sie in den nächsten Stunden, Tagen und Nächten auf alles Außergewöhnliche, das Ihnen widerfährt.

Die Kraft des Baumes

Wenn wir bei dem Ausspruch „In der Ruhe liegt die Kraft" an typische Vertreter dieser Lebensmaxime denken, dann fällt uns der Wal, der Bär, der Berg oder der Baum ein. Alle diese Wesen erzeugen beruhigende Bilder in uns, und wir wünschten uns manchmal, einen Teil dieser Ruhe in uns zu spüren. Genau das ist möglich mit der folgenden Übung.

Ein Baum verleiht Ihnen innere Ruhe – dann, wenn Sie sie am nötigsten brauchen.

Suchen Sie bei einem Spaziergang fernab menschlicher Ansiedlungen einen Baum, der Sie anzieht. Wenn Sie dazu keine Gelegenheit haben, betrachten Sie einen Baum auf einer der in diesem Buch abgebildeten Fotografien, und versuchen Sie, die nachfolgenden Übungsschritte in Ihrer Vorstellungskraft nachzuvollziehen.

Danken Sie dem Baum für die Aufmerksamkeit, die er Sie durch seine Anziehungskraft spüren läßt. Umarmen Sie ihn, und spüren Sie seine Kraft. Tauschen Sie mit ihm Energie aus, indem Sie beim Einatmen seine Kraft aufnehmen und beim Ausatmen Ihre Energie an ihn abfließen lassen. Wenn Sie dies eine Weile lang getan haben, setzen Sie sich auf den Boden und lehnen Sie sich mit dem Rücken an den Baum.

Spüren Sie, wie die Energie des Baumes über Ihren Rücken in Sie einfließt. Lassen Sie diese Energie dann über Ihre Fußsohlen in die Erde ausströmen. Stellen Sie sich vor, wie Ihnen dabei Wurzeln wachsen. So wie der Baum sind Sie nun mit der Erde verbunden; sie sind ein Teil des Baum-Erde-Kreislaufes geworden. Er erfüllt sie mit angenehmer, kräftigender Energie.

Foto rechts: Der Baum ist lebendiges Symbol für Ruhe und Wachstum (Bergahorn im Frühling).

Lassen Sie alle innere Unruhe über Ihre Wurzeln abfließen. Fragen Sie die Baumkraft, was sie Ihnen mitteilen will, und achten Sie auf alles, was sich dann ereignet. Achten Sie darauf, welche Gefühle oder Gedanken in Ihnen aufsteigen. Blicken Sie sich um: Hat sich etwas in Ihrer Umgebung verändert? Bemerken Sie Tiere, die sie

zuvor nicht wahrgenommen haben? Hören Sie auf das Rauschen der Blätter: Raunen sie Ihnen etwas zu? Seien Sie ein genauer und einfühlsamer Beobachter.

Am Ende der Übung danken Sie dem Baum und seiner Umgebung für diesen Kraftschub. Gießen Sie etwas Wasser auf das Wurzelwerk des Baumes, und verstreuen Sie Mehl oder Tabak auf der Erde. Nehmen Sie das Bild des Baumes in sich auf und bewahren Sie es in Ihrem Innern. Es wird Ihnen noch nach Tagen und Wochen Kraft und Ausgeglichenheit spenden.

Zur Blüte kommen

In nur kurzer Zeit entwickelt sich aus einer unscheinbaren, geschlossenen Knospe eine blühende Schönheit. In der gesamten Natur gibt es kein beeindruckenderes Beispiel für positive Veränderung und Weiterentwicklung. Haben Sie Anteil an dieser unbändigen Lebensenergie und nehmen Sie sie in sich auf! Suchen Sie sich dazu eine Blume in der freien Natur, die gerade aufgeblüht ist, eine blühende Zimmerpflanze oder das Foto einer Blüte, wenn Sie die Übung im Herbst oder Winter oder zu Hause machen wollen.

Atmen Sie schon auf dem Spazierweg, bevor Sie Ihre Blüte gefunden haben, alle überflüssigen, alltäglichen Gedanken aus. Lassen Sie sie los! Halten Sie bei einer Pflanze an, die Sie besonders anzieht, und lassen Sie sich zu ihr herab, indem Sie sich vor sie setzen oder knien – freilich ohne die Umgebung der Pflanze unnötig zu schädigen.

Konzentrieren Sie sich ganz auf die Blüte und betrachten Sie sie genau: die Farben, die Textur, die Form, die Blütenblätter, die Staubgefäße, den Fruchtknoten. Nichts lenkt Sie mehr ab. Lassen Sie sich nicht stören. Fast scheint es Ihnen, als sähen Sie die Blüte durch ein Mikroskop.

Aktivieren Sie jetzt Ihre anderen Sinne. Riechen Sie an den Blütenblättern, berühren Sie sie sanft mit Ihren Händen und Ihren Lippen. Spüren Sie den sanften Windhauch auf Ihrer Haut. Hören Sie das Zwitschern der Vögel und Summen der Bienen.

Sie sind ganz eins mit der Blüte. Spüren Sie die Zuneigung, die Sie empfinden, wenn Sie die Blüte liebkosen. Fühlen Sie die Energie, die sie Ihnen dabei schenkt, und nehmen Sie sie mit jedem Atemzug in sich auf.

Foto: In der gesamten Natur gibt es kein beeindruckenderes Beispiel für positive Veränderung und Weiterentwicklung als eine zart leuchtende Blüte, hervorbrechend aus einer unscheinbaren Knospe (Königskerze).

Verharren Sie in diesem Gefühl, so lange Sie möchten. Beschließen Sie dann die Übung damit, daß Sie sich bei der Pflanze bedanken und sie am Stilende mit etwas Wasser begießen. Denken Sie auf dem Weg nach Hause über das Erlebte nach; lassen Sie es in sich nachschwingen. Achten Sie besonders in dieser Nacht auf Ihre Träume, sie vertiefen oft die Eindrücke, die die Blütenenergie in uns erzeugt hat.

Foto: Auf einer bunten Sommerwiese begegnen uns die unterschiedlichsten Pflanzenenergien.

Auf der grünen Wiese

Bei den Übungen mit den Naturgeistern der vier Elemente haben Sie schon die Erfahrung gemacht, daß weiträumige und weitläufige Landschaften unsere Gabe, Visionen zu empfangen, anregen und fördern. In der Weite einer Feld- oder Gebirgswiese, begegnen uns die unterschiedlichsten Pflanzenenergien. Wenn Sie Ihre Lieblingswiese gefunden haben, werden Sie feststellen, daß sie sich bei jedem Besuch verändert, immer neue Energien für Sie bereit hält und immer andere, neue Erfahrungen ermöglicht.

So, wie sich die Pflanzengemein-schaft einer Wiese im Laufe des Sommers verändert, so unterschiedlich sind auch die Erfah-rungen, die man dort gewinnen kann.

Nehmen Sie sich also viel Zeit, um den richtigen Energieort zu finden. Erwarten Sie nicht, daß Sie ihn schon während eines ersten Spazierganges entdecken. Seien Sie nicht überrascht, wenn Sie Ihre erste Wahl wieder verwerfen, und rechnen Sie damit, daß Ihnen bei jedem neuen Aufsuchen Ihrer Wiese eine andere Stelle zusagt. So verhält es sich auch mit den Fotos, die Sie für diese Übung auswählen. Wir reagieren nicht an jedem Tag in gleicher Weise auf unsere Umgebung. Lassen Sie sich also von Ihrem Gefühl leiten.

117

Haben Sie Ihren Platz gefunden, dann bitten Sie um die Erlaubnis, hier verweilen zu dürfen. Setzen Sie sich bequem hin. Spüren Sie die Wärme der Erde über Ihre flach auf den Boden gestellten Füße in Sie einströmen. Fühlen Sie den Lufthauch auf Ihrer Haut. Riechen Sie den Duft der Pflanzen, und blicken Sie in die Weite. Seien Sie offen für alle Energien, die auf Sie einströmen.

Denken Sie dann, während Sie ruhig und langsam ein- und ausatmen, an die Phantasien, denen Sie am liebsten nachgehen, an das, was Sie sich für Ihr Leben erträumen. Geben Sie sie über Ihren Atem an Ihre Umgebung ab. Wenn Sie wollen, daß sich diese Wünsche erfüllen mögen, dann bitten Sie die Energien aller Pflanzen, die Sie sehen, um ihre Unterstützung. Wenn Sie neue Träume und Visionen empfangen möchten, dann bitten Sie sie um ihre Unterstützung. Fragen Sie sich:

> *Was haben meine Träume mit dieser Landschaft zu tun? Wie spiegeln sie sich in den Pflanzen, Formen und Farben wider? Warum bin ich gerade heute genau an diesem Platz?*

Sie sind Teil dieser Landschaft und über Ihren Atem mit diesem Stück Natur verbunden. Fühlen Sie diese Bindung, und seien Sie offen für die Botschaften, die Sie empfangen. Wenn Sie das Gefühl haben, Wesen wahrzunehmen, dann danken Sie ihnen für ihre Anwesenheit und fragen Sie sie, was sie Ihnen mitteilen wollen. Sie nehmen jetzt alles hellwach auf, was um Sie herum geschieht. Vermutlich werden Sie ganz stark das Gefühl haben, daß die Natur vor Leben geradezu explodiert. Nehmen Sie diese Lebenslust in sich auf.

Beobachten Sie die Landschaft, und zeichnen Sie Ihre Eindrücke quasi mit Ihrer inneren Kamera auf. Es gab Teilnehmer an meinen Seminaren, die tagsüber stundenlang an ihrem Platz und abends ebenso lang vor ihren Tagebüchern saßen, um all das niederzuschreiben, was sie mit den Naturwesen erlebt hatten.

Nach Abschluß der Übung danken Sie den Pflanzenenergien, indem Sie Wasser auf die Erde gießen und Mehl oder Tabak verstreuen. Und Sie können noch etwas weiteres tun:

> **„Versöhnung mit dem Pflanzenreich"**
> *Konzentrieren Sie sich auf das Verströmen statt auf das Aufnehmen von Energie. Geben Sie Ihre Liebe und Wärme an die Pflanzen zurück, mit denen Sie Kontakt aufgenommen haben, und bitten Sie sie um Vergebung dafür, daß wir so undankbar gegen sie handeln, sie so oft in gedankenloser Unachtsamkeit zerstören und mutwillig ihrer Lebensgrundlage berauben.*

Wenn Sie die vier Übungen dieses Kapitels durchgeführt haben, dann haben Sie erfahren, welche Kräfte den Blumen, Gräsern, Bäumen – kurz: der gesamten Pflanzenwelt innewohnen. Ob Sie während der Übungen Geistwesen wahrgenommen haben oder nicht, ist eine Frage Ihrer Vorstellungskraft, aber Sie haben mit Sicherheit gespürt, daß Pflanzen mehr sind, als grüne, leblose Substanzen. Sie besitzen eine „Seele", die imstande ist, mit Ihnen zu kommunizieren, wenn Sie es nur wollen.

Bewahren Sie sich diese Sensibilität für die lebendige Natur. Wir sind ein Stück davon.

Im Einklang
mit der Natur

„Ihr weißen Brüder fragt uns immer mit bangem Blick,
wie ihr die Zerstörung der Erde aufhalten könnt.
Ganz einfach: Indem ihr tief in eurem Herzen versteht,
daß die Erde eure Mutter ist."

EagleBear, Schamane der Apachen

*Foto: Es sind oft die zufälligen Begegnungen mit
einem kleinen, unscheinbaren Stück Natur, das –
erst einmal bewußt wahrgenommen – seinen
ganzen unwiderstehlichen Zauber auf uns ausübt.*

Was sind Naturgeister, haben wir eingangs gefragt. Und jetzt, nachdem Sie 20 Übungen aus dem Reich der Elemente kennengelernt und 20 Möglichkeiten erfahren haben, mit der Natur in Kontakt zu treten, hat diese Frage an Wichtigkeit verloren. Selbst wenn Sie nur eine der Übungen durchgeführt haben, haben Sie damit gespürt, daß die Natur jeden Tag immer wieder neue Wunder hervorbringt, daß sie Lebenskraft spendet, daß sie uns ins Gleichgewicht zu bringen vermag, wenn wir aus der Balance geraten sind, daß sie stärkt, hegt, pflegt, nährt und schützt.

Wenn Sie die Übungen regelmäßig dann durchführen, wenn Ihnen danach ist, werden Sie das Gefühl bekommen, daß Sie langsam, aber sicher in einer harmonischen Beziehung zur Natur stehen. Und dann wird – das kann ich Ihnen versprechen - folgendes geschehen: Die Natur wird Ihnen so lieb und teuer werden, wie die Menschen, die Sie lieben. Und Sie werden fühlbar darunter leiden, daß wir, die Menschen, sie zugrunde richten. Sie werden das Bedürfnis verspüren, die Meditationen, die ich Ihnen zum Ende jeden Kapitels empfohlen habe durchzuführen, und Sie werden sich für die Umwelt engagieren. Sie werden jede Gleichgültigkeit gegenüber der Zerstörung unserer Erde ablegen. Kurz: Die Naturgeister werden Sie beeinflußt haben.

Naturgeister oder Naturenergien sind für Sie damit zu dem geworden, was sie im eigentlichen Sinne sind: Zu Botschaften und Mitteilungen der beseelten Natur, die uns umgibt. Diese Botschaften sind für uns heute wichtiger denn je in der Geschichte unseres Planeten. Sie helfen uns, der bereits weit fortgeschrittenen Zerstörung Einhalt zu gebieten. Freilich müssen wir uns erst diesen Botschaften öffnen; wir müssen sie verstehen lernen, um ihren wahren Wert zu erkennen.

Gestatten Sie mir in diesem Zusammenhang noch eine kritische Anmerkung: Meine indianischen Lehrer schüttelten immer wieder mißbilligend den Kopf, wenn in den Seminaren die Rede auf die - zumindest in den USA - ausufernde „Channeling"-Welle kam, d.h. von Menschen berichtet wurde, die vorgaben, Botschaften von Außerirdischen empfangen zu haben. „Warum wendet ihr Weiße euch immer von der Erde ab", fragten sie. „Die Erde hat die Antworten auf alle Probleme, die dem Menschen begegnen, und sie bietet gleichzeitig die Lösung dieser Probleme an oder gibt euch Hilfestellungen dazu. Die gesamte Natur ist belebt. Die Weisheit, die in diesem riesigen Organismus gespeichert ist, umfaßt die gesamte Schöpfung – sogar bis zu unseren Sternenbrüdern. Lernt die Natur zu verstehen, die Pflanzen und Tiere, die eure Geschwister, die vier Elemente, die eure Eltern und Großeltern sind. Dann seid ihr genau dort, wo euch der Große Schöpfer hingepflanzt hat: Im Kreise einer großen Familie, zuhause."

Die Indianer wie auch viele andere Naturvölker haben daher auch nie irgendwelche dogmatischen religiösen Glaubenssysteme in unserem Sinne aufgestellt. Für sie ist der Weg, um zu Weisheit und Erfüllung zu gelangen, die persönlich gewonnene Erfahrung, daß alles eins ist. Eine der Möglichkeiten, diese Einheit zu erleben, ist der Umgang mit den Naturgeistern. „Jeder Mensch, der mit der Natur wieder in Einklang lebt, hilft Mutter Erde bei ihrer Wiedergenesung und trägt dazu bei, die Menscheit vor ihrem Untergang zu bewahren", sagte der Apachenschamane EagleBear, mit dem ich gemeinsam fünf Jahre lang Seminare durchführte.

Daher sind Ihre persönlichen Erfahrungen im Umgang mit den Naturgeistern mehr als nur individuelle Erlebnisse: Sie sind für uns alle und das Wohl unseres Planeten wichtig. Ich bitte Sie daher, mir von Ihren Erfahrungen zu berichten, damit sie einer breiten Öffentlichkeit zugänglich gemacht werden können. Ich freue mich über Ihre Zuschrift, die Sie bitte an folgende Adresse richten wollen:

Peter Ortmann
c/o Mosaik Verlag
Neumarkter Straße 18
81673 München

Literatur

Altman, Nathaniel: Der Zauberkreis der Devas. Die guten Geister der Natur - wie wir sie erkennen, rufen und ihre Energien nutzen können. Ansata Verlag, Bern, München, Wien 1997.

Andrews, Ted: Zauber des Feenreichs. Begegnung mit Naturgeistern. Smaragd Verlag, Neuwied 1995.

Arrowsmith, Nancy: Die Welt der Naturgeister. Goldmann Verlag, München 1987.

Attenborough, David: Das geheime Leben der Pflanzen. Scherz Verlag, Bern, München, Wien 1995.

Banse, Ewald: Landschaft und Seele. München, R. Oldenbourg Verlag, Berlin 1928.

Bessler, Gabriele: Von Nixen und Wasserfrauen. DuMont Verlag, Köln 1995.

Burkhard, Ursula: Karlik. Begegnungen mit einem Elementarwesen. Werkgemeinschaft Kunst- und Heilpädagogik, Weißenseifen 1987.

Cerny, Christine: Das Buch der Naturgeister. Von Elfen, Zwergen, Feen und anderen Elementarwesen. Goldmann Verlag, München 1997.

Dalichow, Irene: Naturgeister. Mittler zwischen Erde und Mensch. Verlag Droemer Knaur, München 1997.

Evans-Wentz, Walter Y.: The Fairy Faith in Celtic Countries. University Press, New York 1994.

Gelder, Dora van: Im Reich der Naturgeister. Aquamarin Verlag, Grafing 1995.

Hodson, Geoffrey: The Brotherhood of Angels and of Men. Theosophical Publishing House, London 1957.

Kaplan, Rachel und Steven: The Experience of Nature. Cambridge University Press, New York 1989.

Leadbeater, C. W.: Astralebene, Mentalebene, Träume, Hellsehen. F. J. Hirthammer Verlag, München 1980.

Lechner-Knecht, Sigrid: Die Hüter der Elemente. Das geheimnisvolle Reich der Naturgeister. Clemens Zerling Verlag, Berlin 1993.

Lethbridge, T. C.: The Classic Deities in Bacon. Oktagon, New York 1971.

Lüdeling, Ingeborg M.: Steine, Bäume, Menschenträume. Verlag Hermann Bauer, Freiburg im Breisgau 1997.

Newhouse, Flower A.: Lichtwesen. Aquamarin-Verlag, Grafing 1992.

Oertli, Jakob: Das schamanische Praxisbuch. Verlag Langen Müller, München 1996.

Pogacnik, Marco: Elementarwesen. Die Gefühlsebene der Erde. Droemer Knaur, München 1995.

Resch-Rauter, Inge: Unser keltisches Erbe. Eigenverlag, Wien 1992.

Rizzi, J. A. Livraga: Die Naturgeister oder Elementale. München 1987.

Roads, Michael J.: Mit der Natur reden. Bäume, Pflanzen, Tiere, Steine, Wasser und Wind offenbaren das verborgene Wissen der Schöpfung. Interlaken 1988.

Sheldrake, Rupert: Die Wiedergeburt der Natur. Scherz Verlag, Bern, München, Wien 1993.

Spiesberger, Karl: Naturgeister - wie Seher sie schauen, wie Magier sie rufen. Verlag Richard Schikowski, Berlin 1978.

Steiner, Rudolf: Geistige Wesen in der Natur. Verlag Freies Geistesleben, Stuttgart 1992.

Stewart, R. J.: Erd-Licht. Die keltisch-druidische Arbeit mit Elfen und Erdgeistern. Heyne Verlag, München 1997.

Stewart, R. J.: Erd-Kraft. Der keltisch-schamanische Weg durch die Unterwelt. Heyne Verlag, München 1997.

Swarovski, Daniel: Naturwesen - Eine verborgene Wunderwelt. Sieben Quellen, Innsbruck 1986.

The Findhorn Community: The Findhorn Garden. Harper Collins, New York 1975.

Tompkins, Peter und Christopher Bird: Das geheime Leben der Pflanzen. Fischer, Frankfurt am Main 1995.

Whiteheart, Peter: Tate Topa - Der indianische Weg. Smaragd-Verlag, Neuwied 1992

Whiteheart, Peter: Fit x 4. Schwung und Energie durch das geheime Wissen der Indianer. Smaragd-Verlag, Neuwied 1995.

Abenddämmerung 22
Aborigines 16
Angst 30, 48
Anregung, emotionale und
    spirituelle 24
Anspannung 44
Apachen 123
Archetypen 14
Artus, König 48
Ärzte 21
Auge, inneres 13, 41
Ausdauer 24
Ausgeglichenheit, innere 62
Ausgeglichenheit,
    Verlust der 42
Ausstrahlung 17
Außerirdische 122

Bach, Dr. Edward 105f.
Bachblüten 106
Banse, Edwald 17
Baum der Erkenntnis 105
Baum des Lebens 105
Begeisterung 94
Belebung 24
Bergmännchen 30
Bergmönche 30
Bewußtsein, verändertes 14
Bird, Christopher 104
Buddha 105
Burkhard, Ursula 13

Caddy, Eileen und Peter 104
Channeling-Welle 122
Christentum 12

Denken, indianisches 36
Devas 8
Disharmonien, seelische 106
Dogmen 95
Doyle, Arthur Conan 16f.
Drachen 85
Druiden 105
Dryaden 21
Durchsetzungskraft 87

EagleBear
Einsiedler 12
Elben 20f., 66
Elementargeister 8, 13f., 16
Elemente 9, 31, 78, 99, 116
Elemente, Gleichgewicht der 67
Elfen 13, 21
Emotionen 49
Empfindungen, negative 55

Empfindungen, sexuelle 94
Energie, psychische 63
Energieaustausch 37, 39
Energiefluß 74
Energiehaushalt 51
Energiekanal 38
Energiekreislauf 36, 44, 54, 111
Energien, negative 31
Energieplätze 30, 33, 51, 117
Energiepunkte 31, 49
Energieströme 16
Entspannung 24, 59, 81
Erdung 33
Erdzeichen 31
Erfahrung, spirituelle 95, 97
Erfahrungsebenen 25
Erkrankungen 67
Erneuerung 84
Erscheinungen 25
Excalibur 48

Fähigkeiten, intellektuelle 24
Feen 13, 17
Feinstofflichkeit 16
Feuer 21, 24
Feuer inneres 86, 101
Feuerelement 84
Feuerenergie 95
Feuerlaufen 84
Feuerzeichen 85
Fieberbäume 105
Findhorn 104
Fische 49
Frauen, weise 14
Fröhlichkeit 61
Fruchtwasser 48

Gardner, Edward Lewis 16
Gebet 95
Gedanken, negative 22
Gefühlsleben 61
Gehör, inneres 13
Geist (spiritus) 95
genius loci 13
Germanen 13
Glaubensvorstellungen 92
Gleichgewicht 30, 51, 63, 67,
    78, 122
Gnome 13, 30f.
Goldenes Flies 105
Gottesbilder 95
Göttin, große 40
Griechen 13
Griffiths, Frances 16f.
grüner Daumen 106

Heiler 12, 14, 21, 31, 84
Heilkraft der Bäume 105
Heilkunde, alternative 31
Heilquellen 49
Heilrituale 55
Heilungsprozeß 30
Heilwirkungen 25
Heinzelmännchen 17, 30
Hektik 44
Hexen 12
Hexenzeremonien 90
Hodson, Geoffrey 16
Hopi 104f.
Hutzelmännchen 30

Indianer 9, 40, 48, 55, 66f.,
    123
Inspiration 76, 78
Intuition 73
Irrwische 30

Jäckel, Ernst 17
Jaffé, Aniela 14
Jung, Carl Gustav 14, 16
Jungfrau 31

Kelten 13
Kerzenrituale 90
Kinder 13
Klarheit 24, 51, 59, 63
Kobolde 13, 17, 30f.
Konzentrationshilfe 9
Körper 24, 31
Körpersäfte 49, 53
Kraft, innere 76
Kraftaufladung 45, 73, 81, 90,
    101
Kraftfelsen 33, 39
Kraftort = Kraftplatz
Kraftorte, indianische 30
Kraftplatz 9, 22, 31, 33, 37, 54,
    56, 106
Kraftquelle 9, 12
Krafttier 33, 40, 42
Krankheitssymptome 53
Krebs 49
Kreuz, christliches 105
Kultbünde 84
Kultstätten, heilige 12

Lawrence, D.H. 13
Lebensangst 61
Lebensenergie 24, 53, 101, 114
Lebensfreude 24, 61, 85, 87,
    109

Lebenskraft 122
Lebenslust 95, 118
Leidenschaft 87, 94f., 101
Leistungsfähigkeit 45
Leistungsfähigkeit,
    Verlust der 42
Lethbridge, T.C. 17
Liebe 87, 90
Liebesbereitschaft 101
Liebeskraft 24
Loreley 48
Löwe 85
Luftelement 21, 72f., 78, 81
Luftzeichen 67

MacLean, Dorothy 104
Märchen 12, 20, 22, 30, 84,
    104
Meditation 9, 62, 95, 122
Medizinmänner 40, 66, 92
Meerjungfrauen 48
Morgengrauen 22
Mut 51
Mutter Erde 33f., 36, 40, 44
Mystiker 14
Mythen 14

Naturgewalten 18
Naturreligionen 12, 16
Naturvölker 92, 95
Navajo 66
Nervenkanal 38
Nervosität 30
Neumond 22
Niedergeschlagenheit 61
Nixen 13, 19, 21, 48
Nymphen 13, 19, 48

Orientierung, spirituelle 85, 87
Ortswahl 22
Osterfeuer 84

Paracelsus 13
Pfeife, zeremonielle 84
Pflanzenenergie 109f.
Probleme, gesundheitliche 34
Projektionen 16
Psyche 16, 19, 24, 49
Psychologie,
    transpersonale 14, 16
Pulsschlag, innerer 34, 38

Reinigung 24, 84
Reinigungsprozeß 80
Religionen, etablierte 95

Riesen 18
Ring des Feuers 97
Ring, Kenneth 14
Rituale 92
Römer 13
Ruhe, innere 27

Sagen 12, 14, 20, 22, 30, 84,
    104
Sagenwelt, griechische 105
Salamander 13, 21, 85
Schamanen 12, 14, 40, 48, 66,
    84, 92, 95, 123
Schmiede 84
Schütze 85
Schutzgeister 66, 98
Schwingungsfrequenz 12, 45,
    106
Schwingungspotential 9
Schwitzhütte, indianische 84
Seelenfrieden, Verlust des 42
Selbstfindung 24
Selbstmord 85
Selbstvertrauen 51, 69
Sensibilität 21
Sexualkraft 21, 85, 87
Sexualleben 87
Sheldrake, Rupert 17
Sicherheit 33
Sinneseindrücke 27, 34, 37, 42,
    53, 55, 59, 74
Sirenen 48
Skorpion 49
Sonne, Energieströme der 89
Sonnengottheit 89
Sonnenlicht 85
Sonnwendfeuer 84
Sorge 48
Sphären, ätherische 8
Spiritualität 21, 24, 95
spiritus 95
Standfestigkeit 24, 45
Stärke, innere 76
Stärkung 24
Steinbock 31
Sternzeichen 24
Stier 31
Streß 44
Streßsymptome 71
Sturmgeister 67, 70, 79ff.
Sylphen 13, 20f., 66f., 81
Symbole, psychologische 17

Taufe, christliche 66
Taufrituale 49, 55

Tompkins, Peter 104
Tradition, indianische 37, 54
Trolle 17, 30f.

Umweltzerstörung 8
Undinen 13, 19, 48, 55
Unruhe, innere 30, 112
Unterbewußtsein 17
Unterstützung 33
Urmeer 48

van Gelder, Dora 13
Versöhnung 45, 63, 81, 101,
    119
Versöhnung 81
Verstand 21, 24, 74
Visionen 76, 78
Volksglaube 12, 14, 20
Vollmond 22

Waage 67
Wachstum 109
Wahrsager 84
Waldsterben 105
Wasser, Heilwirkung 19
Wassermann 67
Wasserzeichen 49
Watzmann 18
Weiheritual 66
Weltengeist 95
Wesen, feinstoffliche 31
Wesen, geflügelte 16
Wetterphänomene 20
Wichtelmännchen 30
Widder 85
Wirbelsäule 38ff.
Wissen, druidisches 106
Wolkengeister 70, 78f., 81
Wright, Elsie 16
Wunder 12

Yggdrasil 105

Zeremonien 92
Zwerge 13, 17, 30
Zwillinge 67

Bücher über das Leben im Einklang mit der Natur

♦ *Michael Gienger*

Die Heilsteine der Hildegard von Bingen

*Das Hausbuch der Steinheilkunde. Neue Erkenntnisse
zu alten Weisheiten.*
144 Seiten, ca. 50 Zeichnungen, 24 Farbfotos
ISBN 3-576-10651-0

♦ *Dr. med. Elke Haase-Hauptmann*

Die Gesundheitsküche der Hildegard von Bingen

*Ausgewogene und schmackhafte Ernährung für
inneres Gleichgewicht und Wohlbefinden*
128 Seiten, ca. 50 farbige Illustrationen
ISBN 3-576-10770-3

♦ *Dr. med. Elke Haase-Hauptmann*

Die Heilkräuter der Hildegard von Bingen

*Ausgewählte Kräuter für Hausapotheke und Küche.
Anbau, Pflege und Verwendung*
144 Seiten, ca. 80 Farbabbildungen
ISBN 3-576-11040-2

♦ *Kurt Simon*

Erdstrahlen und Wasseradern

*Wie sie auf Menschen, Tiere und Pflanzen wirken,
wie man sie erkennt, welche Schutzmaßnahmen
es gibt.*
128 Seiten, ca. 25 Farbfotos
ISBN 3-576-10758-4

♦ *Eva-Katharina Hoffmann*

Energiepflanzen im Haus

*Welche uns gut tun, welche nicht zu uns passen.
88 Zimmerpflanzenportraits mit Pflegetips*
128 Seiten, ca. 100 Farbabbildungen
ISBN 3-576-10795-9

♦ *Katrin Martin/Thomas Fröhling*

Katma-Edelsteinessenzen

*15 Edelsteinessenzen, ihr Wesen, ihre Wirkung.
Mit Wegweiser zur passenden Essenz und Anleitung zur
Selbstherstellung*
128 Seiten, ca. 50 Abbildungen
ISBN 3-576-10797-5

♦ *Katrin Martin / Thomas Fröhling*

Wohnen mit Feng Shui

*Mehr Harmonie, Gesundheit und Erfolg durch
gezieltes Einrichten und Gestalten.*
128 Seiten, ca. 50 Farbabbildungen
ISBN 3-576-10713-4

♦ *Volker Drolshagen/Karin Hoffmann*

Die Sprache der Bäume

*Was Wuchs und Rinde über Bäume verraten.
Neue Erkenntnisse in der Baumpflege-Praxis*
112 Seiten, ca. 50 Abbildungen
ISBN 3-576-10796-7

♦ *Claudia Graf*

Gärtnern mit dem Mond

*Günstige Mondzeichen in der Gartenpraxis erfolg-
reich nutzen. Mit Aussaatkalender bis ins Jahr 2005.*
128 Seiten, ca. 50 Farbfotos und Illustrationen
ISBN 3-576-11049-6

♦ *Claudia Graf*

Leben mit dem Mond

*Günstige Tage erfolgreich nutzen - in der Liebe,
im Haushalt, für Schönheit und Gesundheit.*
128 Seiten, ca. 50 Farbfotos
ISBN 3-576-11050-X

♦ *Peter Ortmann*

Naturgeister

*Elementare Energien aus der Kraftquelle Natur.
Ein Praxisbuch.*
128 Seiten, ca. 35 Farbabbildungen
ISBN 3-576-11066-6

♦ *Cornelia Adam / Jutta Keller*

Urkraft Licht

Mythen, Magie, Wissenschaft, Ernährung, Rezepte
128 Seiten, ca. 50 Farbabbildungen
ISBN 3-576-11107-7

♦ *Cornelia Adam / Jutta Keller*

Urkraft Wasser

Mythen, Magie, Wissenschaft, Ernährung, Rezepte
128 Seiten, ca. 50 Farbabbildungen
ISBN 3-576-11108-5

Mosaik

Erhältlich überall dort, wo es Bücher gibt.